Vida sentimental de Eva Perón

María Sucarrat

Vida sentimental de Eva Perón

Editorial Sudamericana

Sucarrat, María
Vida sentimental de Eva Perón - 1ª ed. - Buenos Aires : Sudamericana, 2006.
176 p. ; 23x16 cm. (Biografías y testimonios)

ISBN 950-07-2731-5

1. Biografías y testimonios. I. Título
CDD 070.44

IMPRESO EN LA ARGENTINA

Queda hecho el depósito
que previene la ley 11.723.

Humberto I 531, Buenos Aires.

www.edsudamericana.com.ar

ISBN-10: 950-07-2731-5
ISBN-13: 978-950-07-2731-0

A mi hermano Alejandro
(aunque, igual, no lo hubiera leído).

A Gustavo, tatuado para siempre
en mi alma (remerci).

A mis hijos, increíbles pequeñas personas.

Mi pasado me pertenece.

Evita, 9 de junio de 1947

Capítulo I

A los once años Eva tenía una certeza: no quería ser como Juana, su madre. O quería un poco. Una parte, la de dar. Quizá no quería, y todavía no lo podía saber, lo que su madre pretendía para ella, casadera, tan bonita.

A los once años Eva comenzó a rozarse con los otros. Con los que no eran de su condición, pobres, buscas, casi feos. Atrás quedó la pieza de piso de tierra de la calle Francia 1021 en Los Toldos. Ahora estaban todos en Junín. Vendrían más ventanas y más mudanzas. De Roque Vázquez 86 a Lavalle 219. De Winter 90 a José Arias al 100. De la precariedad a un poquito de espacio. Su madre, Juana Ibarguren, cabeza de familia, cambió de rancho, de amante y de oficio. La máquina de coser ya descansaba en paz y la cocina, en cambio, no daba abasto.

En un patio luminoso de la casa, Juana había improvisado un comedor con mesas y sillas prestadas. Dos familias la ayudaron a su llegada a Junín: los Díaz y los Colton. Renata Coronado de Rossi, su vecina, decía siempre: "Las Duarte... tan humildes que dan de comer para poder subsistir". Una suerte de cantina modesta con menú fijo y vajilla ordinaria. Los solterones del pueblo iban a parar allí. Juana se ocupaba de la comida y sus hijas, las hermanas

Duarte, del servicio. Eva ayudaba también. Pero había algo que le gustaba mucho más. A Eva le gustaba espiar.

Por la hendija que dejaba la puerta entreabierta, miraba todo. Su corta edad la distanciaba de los comensales. Entonces, había tres clientes fijos: el mayor Alfredo Arrieta, comandante de la unidad militar, el abogado Justo Álvarez Rodríguez y su hermano José, rector del Colegio Nacional. El primero se casaría con su hermana Elisa y el segundo, con Blanca. Un cuarto huésped, el dirigente radical Moisés Lebensohn, se sumaba algunos días a la semana para comer con ellos, todos juntos en la misma mesa.

> "Recuerdo muy bien que estuve muchos días triste cuando me enteré de que en el mundo había pobres y había ricos; y lo extraño es que me doliese tanto la existencia de los pobres como al mismo tiempo saber que había ricos"[1].

Eva no tenía interés en esos hombres, sólo curiosidad. Con el corazón agitado los espiaba y vigilaba a su vez que ni ellos ni sus hermanas la vieran. Como si fotografiara cada gesto y cada rasgo, se detenía segundos en sus manos. Miraba los dedos, uno por uno, y trataba de imaginarlos en situaciones distintas. En una caricia, por ejemplo, o en una cachetada. Eva trataba de ver a través de sus camisas y de adivinar el color de la piel de los cuerpos. Miraba cómo ellos miraban con gusto a sus hermanas y también cómo la Juana lo aprobaba. Y, entonces, sabía sin saber que no quería eso para ella, que no quería ser como su madre. Que no quería ser una Ibarguren.

Muchos padecimientos y angustias habían quedado atrás, en Los Toldos. Las marcas de la pobreza iban desapa-

[1] Eva Perón: *La razón de mi vida*. Buenos Aires, Peuser, 1951.

reciendo, de a poco, en Junín. Blanca consiguió trabajo como maestra y Juan, el único hermano varón de Eva, un puesto en una fábrica de jabón. Dos de las mujeres de la familia estaban casi ubicadas en la vida, con trabajo y con hombre al lado. La voluptuosa Juana Ibarguren sonreía otra vez. Eva, en cambio, progresaba lentamente. Recién a los catorce pudo terminar la primaria[2] y aunque ya había crecido, casi hasta el metro setenta, todavía miraba de lejos a los varones.

> "Siendo una chiquilla, siempre deseaba declamar. Es como si quisiese decir siempre algo a los demás, algo grande, que yo sentía en lo más hondo de mi corazón"[3].

Fugaces pensamientos cruzaban por la mente de Juana mientras preparaba montañas de empanadas que doraba durante la noche. "La declamación me está volviendo loca a la Evita", decía y salteaba en una sartén enorme la carne para el relleno. Y mientras tanto, Eva arrancaba lágrimas de los ojos de los vecinos recitando poemas de Rubén Darío, de Amado Nervo, de Bécquer o de Espronceda. "Ésta debió haber nacido hombre", se dijo el 20 de octubre de 1933 cuando vio a su hija en un ensayo para la comedia *Arriba estudiantes*, junto a los alumnos del Colegio Nacional. También pensaba en sus amantes mientras apretaba la masa

[2] Los archivos de la Escuela Nº 1 Catalina Larralt de Estrugamou de Junín consignan que el 11 de agosto de 1930 se le concedió el pase de General Viamonte a una alumna llamada Eva María Duarte. Precisan también que la niña completó tercer grado en la Escuela Nº 1, es decir que la familia se había instalado en esa ciudad a mediados de 1930, poco antes del golpe de Estado de Uriburu.

[3] Eva Perón: *La razón de mi vida*. Buenos Aires, Peuser, 1951.

harinosa, en los dieciocho años de concubinato con Juan Duarte terminados tan de golpe. Juana era mucha mujer. Volvía locos a los hombres con su risa, sus polleras largas y las blusas blancas siempre reventando a la altura de los pechos. Pensaba en Carlos Rosset, que acomodó a Elisa en la oficina de correos y que murió en la cama de su casa. En el granjero Eliseo Calviño, que le regalaba pollos. En el carnicero Elías Tomasso, que le mandaba por sus hijos dos viandas a la semana. En Miguel Lizazo. En Juan Gilabert. En Amadeo Garín. Y en algún otro.

Eva vivía turbada e inconforme. Era, a decir de los vecinos, la más bonita de las Duarte, pero las mujeres que admiraba en las páginas de la revista *Sintonía* no eran como Juana. Ni como Blanca, Elisa o Erminda. Eva quería ser como esas otras, las de las fotos. Norma Shearer quería ser. Y en Junín no podía.

"Yo me casaré con un príncipe o con un presidente"[4].

Los primeros ensayos del porvenir fueron los domingos en la calle Rivadavia. Limpitas y apenas maquilladas, con las polleras a media pierna, las Duarte paseaban del bracete por delante de los muchachos. Algunas veces, caminaban cuatro cuadras hasta la estación de trenes para ver bajar a los que llegaban de Buenos Aires. Otras, hacían puerta en el Club Social. El salón de baile Víctor Hugo estaba prohibido para ellas. Era demasiado caro y Juana no podía pagar entrada para todas las hermanas. Los domingos había misa y no había cine. Sí los martes, a la salida de la escuela, la

[4] Duarte, Erminda: *Mi hermana Evita*. Buenos Aires, Ediciones Centro de Estudios Eva Perón, 1972.

Catalina Larralt de Estrugamou. A 30 pesos las tres películas —50 menos que el resto de la semana— en el Roxy o el Crystal Palace. Pero los domingos se volvían importantes porque Eva imitaba a la actriz que el martes anterior más la había conmovido.

En esas caminatas escuchó los primeros piropos de su vida. "Bella como una rosa... pero le tengo miedo a las espinas", oyó, cerca de su cuello, por primera vez. Pero siempre detrás de Evita estaba Juan, el único varón de la casa. Juancito, el cuida, que todos los días de semana se ocupaba de vigilar y proteger a sus hermanas. Cuando Eva y Erminda salían de la escuela, él se ponía de guardia en la esquina de San Martín y 6 de Agosto. Sabía que todo el grado las pretendía, y esperaba, desafiante, a cada galancito. A Eduardo Brossi lo apuró, un martes, a la salida de la escuela. "¿Qué les dijiste a mis hermanas?", preguntó con cara de malo y puños apretados. Erminda protestaba. Eva entendía. Ella y Juan comulgaban. Estaban unidos por la intuición de que la pobreza que les tocaba vivir era apenas un mal momento, unidos por una inexplicable rebelión contra Junín y sus maneras pueblerinas.

Las vidrieras con los vestidos traídos desde Buenos Aires las sabía de memoria. Las sufría a cada una. Con suerte, la Juana podía copiar el modelo pero nunca el género. Y sí, con géneros buenos, la ropa caía distinta. Y Eva se daba cuenta. En la esquina de la plaza, alguna vez en el mes, compraba *Sintonía* o *Mundo Argentino* o *Antena* o *Radiolandia*. Las elegía por la tapa. En la tapa había mujeres. Las estudiaba con paciencia, las imitaba a solas, con fervor.

Aunque sus clientes la llamaban "la viuda de Duarte", el prontuario amoroso de Juana Ibarguren había trascendido los límites del escuálido y polvoriento asentamiento de Los Toldos. Su fama se mudó con ella y el respeto se quedó allá.

En Junín tuvo amantes nuevos y en poco tiempo las vecinas prohibieron a sus hijas jugar con Evita. Juana sabía bien que los rumores sobre su vida habían llegado ya desde Los Toldos. Pero no le importaba. "No hagan caso de lo que dicen", decía a sus hijas. "No hagan caso. Nunca." Eva se encontraba a escondidas, en la esquina o detrás de algún árbol, con su mejor amiga Elsa Hilda Sabella. Su hermano Mario, mientras las veía jugar, moría de amor por la Duarte.

Una vez a la semana, Primo Arini, dueño de la única casa de música de Junín, organizaba una audición. La gente del pueblo podía recitar poemas o cantar alguna canción. Los artistas que participaban en *La Hora Selecta*, auspiciada por Arini, eran escuchados por los vecinos a través de un altoparlante. Eva tenía tres caballitos de batalla: *Una nube*, *Muerta* y *El día que me quieras*. Todas las semanas, de siete a ocho al caer la tarde, su voz finita se oía al por mayor. Embelesado, enamorado, Mario se ubicaba en primera fila.

> "El día que me quieras tendrá más luz que en junio. La noche que me quieras será de plenilunio."

Cuando recitaba, Eva se sentía ajena a todo y en cada estrofa empezaba a darle forma a su revancha. No se quedaría en el pueblo, no sería maestra, ni cocinera, ni ama de casa. No sabía cómo pero se iría de allí. La vida de su madre, la de vivir de lo que le daban y trabajando como una bestia, no la quería para ella. Eva iba a salir de ahí, de ese lugarcito. Lo sabía, lo intuía. De una forma u otra, lo iba a hacer realidad.

Cuando cumplió los doce, el abismo con el mundo masculino comenzó a acortarse. Los paseos por el centro y su colección de revistas de espectáculos la hicieron sentir más segura. Así, como si lo buscara, se cruzó en su vida Ricardo

Caturla, un chico con padres de casa de material y negocios. Eva olfateó el olor a hombre y le fue detrás. Había en la vida algo más que en las revistas.

Se vieron en la plaza por primera vez. Ricardo estiró el cuello para mirarla mejor cuando pasaba por la vereda de enfrente. Ella no lo vio, sólo supo que la miraba. A ella, a la más flaquita, a la más inapetente de las Duarte. A ella y no a su hermana Erminda. Si hubiera venido de otro, no importaba. Por primera vez, estaba siendo individualizada, aislada de la tribu de la Juana, recortada de la pobreza y de su historia sin padre. Era a ella a quien Caturla miraba. El hijo del dueño de un almacén de pollos y miel, el hijo del dueño de una importante granja de las afueras de Junín. El muchacho de allá a la vuelta le había clavado los ojos y el corazón. Cómo se le declaró, no lo contó nunca. Sí la vieron los del pueblo paseando cerquita de Ricardo, tocándose los antebrazos, rozando su piel desnuda contra la tela de la camisa arremangada de él. Pero los encuentros eran pocos. Los domingos en la plaza, de vez en cuando los martes o los jueves. Durante la semana, que era larga, Eva, en su casa, se entusiasmaba frente a un gran espejo. Poses y trompitas. Evita fruncía el ceño, estiraba una sonrisa, pestañeaba. Se envolvía en una sábana y mostraba los hombros. Los sacudía. Ni su madre ni sus hermanas pudieron saber jamás de quién se copiaba. Por entre las sábanas sacaba la pierna desnuda, de tobillo grueso pero hermosa. Pierna pesada, de hembra en futuro. Eva jugaba a la mujer en un preludio de lo que apenas dos años más tarde haría en un atelier barato de la calle Corrientes, frente a un fotógrafo de a 30 pesos la media docena en blanco y negro.

Durante unos días, se sintió novia de Caturla, pero cada vez que abría una revista dejaba de adorarlo. Quedarse en el pueblo y atender el almacén no era lo que quería. Al poco tiempo la relación se rompió, acelerada por las idas y venidas de Ricardo al destacamento de Junín donde hacía la conscripción. Eva quería algo más. Y los Caturla no querían a la Duarte para su hijo. Así, sin lágrimas ni desamor, el primer novio de Eva se fue desdibujando entre la plaza y los modernos edificios de dos pisos de Junín. Sin pena ni gloria, y para suerte de la familia de Ricardo, ella lo olvidó. Pero la llama estaba encendida. Los primeros besos en la boca y un sentimiento que creyó amor fueron disparadores. La búsqueda de Eva había comenzado porque tenía la certeza de que había algo afuera. Podía medirlo en su taquicardia. Y así, sin más, la Duarte con su cuerpo de niña meneó caderas y salió a la vida. Ricardo Caturla se había convertido, sin querer, en la llave de la puerta del gran pueblo de Junín.

> "Como los pájaros, siempre me gustó el aire libre del bosque. Ni siquiera he podido tolerar esa cierta esclavitud que es la vida en la casa paterna, o la vida en el pueblo natal"[5].

Los fines de semana se ponían lindos. Un pueblo con un cine teatro como el Crystal Palace invitaba a los artistas que, de gira en gira, intentaban recaudar monedas y alimentar vanidades. Llegar a Junín era un éxito asegurado para cualquiera con algo que mostrar, porque las misas y las películas eran todo siempre allí. Así apareció, el sábado 18 de enero de 1930, el mismo Carlitos Gardel. El Zorzal Criollo cantó en el escenario del Crystal y fue objeto de todos los comentarios del pueblo entero durante un mes. Tampoco la noche del jueves 3 de agosto de 1933 Eva lo vio. Pero lo

[5] Eva Perón: *La razón de mi vida*. Buenos Aires, Peuser, 1951.

escuchó del boca en boca. A ella le contaron que, además de las canciones, exhibieron una película: *La viuda artificial*. Y entonces quiso ser un poco él y tener sus propias alas para fugar de ese lugar, para fugar para adelante.

Junín fue declarada ciudad en 1906, gracias al ferrocarril. El primer ramal había llegado en 1880 y cuatro años más tarde, el segundo, *Buenos Aires al Pacífico*. En 1886 se abrieron alrededor los talleres ferroviarios. La ciudad quedó dividida en tres partes poco comunicadas. El Pueblo Viejo, al norte del paredón de la Estación Central, el Pueblo Nuevo, entre el paredón y las vías del *Buenos Aires al Pacífico*, y Tierra del Fuego, en donde se ubicaron los nuevos habitantes, la mayoría trabajadores del taller. En 1912, el paredón fue destruido por pedido de los vecinos. Pero nunca imaginaron que años después, la crisis del '30 pondría en peligro mucho más que la comunicación entre ellos. El proyecto de fusión entre el *Central Argentino* y el *Buenos Aires al Pacífico* se estaba haciendo realidad[6]. Las voces de alarma se expandieron rápidamente. Junín era un punto clave porque conectaba Buenos Aires con la medialuna pampeana productora de granos, y los trenes eran el punto de unión. Las empresas ferroviarias inglesas descontaron compulsivamente a sus dependientes sumas destinadas a cubrir los déficits de la explotación. Los empleados y los obreros comenzaron con protestas, siguieron con huelgas, y la noticia del cierre de la estación y de los talleres se expandió por el resto del país. En 1932 un paro de 52 días fue suficiente estímulo para planificar estrategias contra las compañías y contra el gobierno.

[6] Finalmente, en 1937, el *Central Argentino* y el *Buenos Aires al Pacífico* se fusionaron y desapareció el taller ferroviario.

Así llegó hasta Junín un pequeño grupo de militantes anarquistas que se instaló en las cercanías del taller. Allí comenzaron a organizar las protestas.

Por ese lugar de reunión pasaría Eva, un tiempo más tarde. Mientras tanto, la representación de *Arriba estudiantes* la había arrimado a un grupo de teatro que comandaba Evaristo Tello Sueyro, el peluquero de la familia y del pueblo entero. Se reunían en el Colegio Nacional para ensayar pequeñas obras. Eva se sentía feliz. Parada en el patio del colegio, con sus compañeros frente a ella, había descubierto eso que quería para su vida. Había descubierto que quería ser actriz. Y con esa revelación comenzaron los problemas.

La casa de los Duarte estaba complicada. Por esos días, Juan había recibido el llamado del Estado para cumplir el servicio militar. Tendría que trasladarse a Buenos Aires, y Juana Ibarguren estaba desolada. El preferido se iría de su lado. No había espacio para más tristezas. El sueño de Eva, hasta entonces, era un mal menor para su madre.

Con Juancito lejos, Eva estaba menos vigilada. Al fin podía empezar a aceptar invitaciones de muchachos. Juana estaba muy ocupada en sus propias conquistas y, además, todavía consideraba a Evita una nena. Así, una tarde de calor, la última de las Duarte aceptó una oferta tentadora. Un largo paseo en coche en compañía de dos muchachos "bien", hijos de un estanciero de Junín. La propuesta era excitante. Eva vería por primera vez el mar. El mar de Mar del Plata. Un viaje impensado e imposible de realizar en apenas unas horas. Pero a su edad, los kilómetros eran centímetros y las horas interminables. Por eso, Eva dijo sí.

Una mañana, apenas salió el sol, los muchachos se encontraron con Eva y una amiga muy cerca de la plaza. Subieron al auto. Los varones se acomodaron adelante y las chicas juntas, en el asiento de atrás. Durante los primeros kilómetros del viaje Eva estuvo nerviosa. Su corazón latía con fuerza. Tenía muchos miedos. Tantos, que no los podía discriminar. No quería que su madre se enterara de la escapada ni que algún vecino la viera sentada en el auto de un chico rico. Tampoco que sus acompañantes notaran que le temblaba el cuerpo. Sólo cuando la ciudad se terminó y el coche se rodeó de campo, pudo aflojarse un poco y prepararse para disfrutar. Una hora después el auto se desvió de la ruta y enfiló hacia el interior de una estancia. Los muchachos detuvieron el coche y se bajaron. Uno tomó a la amiga de Eva de un brazo y la llevó a caminar. El ambiente se puso raro y mientras veía alejarse a la parejita, ella empezó a desconfiar. Mar del Plata no era ahí. Ese día no llegaría a ver el mar.

Eva y su compañera pasaron un mal momento. Al atardecer, un camionero las encontró desorientadas, caminando por la ruta. Les dio una frazada para cubrirse y las llevó de vuelta a Junín. Al llegar, Eva la miró a los ojos y sólo le pidió silencio. Ahogada en llanto, su amiga juró que callaría lo sucedido.

A partir de esa tarde, la Duarte nunca volvió a ser la misma. Aunque el odio la quemaba, tomó distancia de los hechos y comenzó a comportarse como si su existencia fuera la de algún personaje de una obra de teatro: se obligó a no sentir para no dejarse engañar nunca más. Y entonces observó, meditó y midió cada uno de sus movimientos. Nada en su vida volvería a ser azaroso; ni siquiera su salida de Junín.

Eva ocupaba varias horas del día pensando en irse de su casa. Esas horas no eran enteras, sino pedazos de tiempo que pasaba sentada frente a la radio, delante del espejo, arriba de la pared del patio, en el escalón de la puerta de su casa. El deseo de ser actriz pasó a convertirse en su prioridad. Hasta había dejado de mirar a los muchachos. Ninguno valía la pena. Sentía que Junín le quedaba chico mientras se perdía por el costado de la vía del tren, saltando pastizales, recitando poemas. Los días eran parejos hasta la tarde en que lo vio. Las cosquillas que sintió en la boca del estómago le hicieron olvidar la bronca. Supo que ya nada sería igual. Que había más. Que tenía más para dar. Y escuchó:

—Sin Dios, es posible pensar, hacer avanzar la ciencia y, sobre todo, construir un pensamiento propio, no sólo de las elites sino particularmente de las masas.

Una voz gruesa se colaba desde el interior de un vagón abandonado. Como si le hubieran dado un golpe en el pecho, voz y palabras frenaron los pasos de Eva. Escuchó más, avanzó despacio, asomó la cabeza, espió y lo vio.

Damián Gómez tenía treinta y pocos años. Estaba apoyado en el marco de la puerta del vagón, leyendo un ejemplar maltratado de *A mi amigo el campesino*, de Eliseo Reclus. Era un anarquista de los tantos repartidos por la Argentina en crisis, y a mediados de 1934 estaba en Junín con la misión de impedir el cierre del taller y la fusión de los ramales. Gómez era un hombre pobre empapado de palabras irresistibles. Y eso, para Eva, era un tesoro.

La relación comenzó con miradas, siguió con palabras, se sustentó con deseo. Eva se escapaba de su casa y se ofrecía para cebar mate a Damián y a sus compañeros en el interior del vagón abandonado. Ellos tenían reuniones, hablaban sobre política, leían *La Protesta*, discutían al límite de la pelea.

Eva sentía que estaba en el cielo. Había encontrado un rincón en Junín en el que se olvidaba de lo que le hacía mal. Se sentía en el cielo porque a veces, cuando quedaban solos, podía hacer preguntas. Y él le contestaba y le contaba historias de anarquistas. Así oyó hablar de Kurt Wilckens, de Simón Radowitzky, de Severino Di Giovani y de Américo Scarfó. Y en cada conversación, Damián le confirmaba sus intuiciones acerca de los ricos y de los pobres, de los explotados, de los oprimidos, de los obreros presos.

Sus encuentros fueron secretos. Juan, el único que podía leer su cara y sus gestos, estaba lejos. Amigas tenía pocas y sus hermanas se hubieran horrorizado con la confesión. Era mejor callar y seguir desapareciendo, por ratitos, de la casa.

Por primera vez en sus catorce años, la Duarte admiraba a alguien que no brillaba estático en una foto de revista o en la pantalla del cine. Eva se enamoró de la voz de Damián y de su mechón de pelo caído sobre la frente. Quiso tocarlo y lo tocó. Quiso besarlo y lo besó. Y ya no fue la misma, porque de los brazos de un anarquista es imposible volver idéntica. Eva Duarte ya era invencible. Lo sintió entonces y después. Lo sintió toda su vida. Lo sintió para siempre.

Capítulo II

Desde Buenos Aires llegó la noticia de la prueba. Desde Buenos Aires. Eva se había enterado de que la prueba era allá. Y rogó, pidió. Rogó, gritó. Se olvidó de Damián. De sus ojos negros. Por la prueba perdió la cabeza. Saltó, gritó. Saltó, corrió. Para llegar a Buenos Aires, con sus ganas.

Una prueba.

"No Eva, Evita. No vas a ir a Buenos Aires. ¿Qué te pensás vos? ¿Qué te pensás que van a hablar los demás? Usted es hija mía y bastante tengo ya con todo lo que dicen que dicen de mí en el pueblo como para que encima me vengan a decir también que soy una mala madre."

Las dos se enfrentaron por primera y única vez en pulseada salvaje. "Yo me voy a ir a Buenos Aires. Me voy. Dele, mama, venga conmigo. Dele, mama, que lo voy a hacer bien, ya va a ver. Que me vengo preparando de toda la vida para irme a Buenos Aires. Por favor... No sea mala, mama. No sea injusta conmigo."

Eva y Juana Ibarguren pelearon durante semanas. La madre se puso blanda. La hija se puso dura. Entonces, para convencerla empezaron a abundar los permisos. Hasta al Víctor Hugo la dejó ir Juana, el salón de baile de los pitucos, el de la calle Rivadavia. Pero ella, todos los días, volvía a la carga. Y todos los días Juana decía no. Nadie intercedía por Evita. Nadie le haría frente a la Juana que también soñaba Buenos Aires desde siempre, casi en secreto de confesión.

Un concurso de talentos. Eva no podía dejar de pensar en esas tres palabras. Concurso-de-talentos. En Buenos Aires. Y Juana no podía dejar de repetir "No".

Para tamaña contienda, Eva debía estudiar mucho. Ya tenía tres poemas, los que recitaba en lo de Primo Arini. Los reforzaría. Le pediría ayuda a su grupo de teatro. Su convicción crecía a cada momento. Su maestra la preparó. Su hermana Erminda también. Y con sus lecciones y ensayos partió a Buenos Aires una vez, la primera. Era abril de 1934. Hasta salió en el diario.

> "Nuestra convecina, la señorita María Eva Duarte, se ausentó para la capital, donde actuará en reemplazo de la señorita Kelly, en Radio La Nación LR6. Esta tarde o mañana a las 17 debutará"[7].

Y dio la prueba. Sus hermanas la escucharon recitar a través de una repetidora. Todo el pueblo la escuchó y a partir de entonces se pegó más que nunca a la idea de vivir en Buenos Aires. Juana la acompañó. Ida y vuelta. Volvió a Junín como una estrella. Sus vecinos se asomaban para verla pasar a Evita, obsesionada con la idea de ser actriz.

> "—Siempre recuerdo con profunda emoción mi primera actuación en radio. Yo era muy niña y comencé a recitar ante el micrófono de Radio Nacional. Todavía no me explico bien cómo pude vencer la nerviosidad del debut. Quizá por la mis-

[7] *El Amigo del Pueblo*, Junín, 28 de abril de 1934.

ma ingenuidad o porque, alentada por buenos amigos, me sobrepuse a todo y ni siquiera se notó el más mínimo furcio.

—Quiere decir que apareció en este difícil mundo de la radiotelefonía nada menos que siendo una niña prodigio.

—Efectivamente"[8].

El 2 de octubre apareció otra oportunidad. Eva volvió a viajar acompañada por la Juana. Esta vez, Erminda, Blanca y Elisa la escucharon por Radio Cultura. LR10. Una función en homenaje dedicada a la ciudad de Bolívar[9]. Allá conoció a Pablo Osvaldo Valle, director artístico de la radio, creador de los canjes de publicidad por servicios o productos envasados. Valle posó sus ojos sobre la niña y le prometió un pequeño contrato.

La segunda vuelta a Junín fue del todo triunfal pero Eva no la disfrutó. Ella iba por más y quería ese papel en sus manos. Todos los días pasaba por la oficina del correo y en su casa no hacía más que mirar la luz que quedaba entre el piso y la puerta de entrada. Pero el contrato nunca llegó. Entonces supo que debía buscar alguna otra manera de irse del pueblo, pronto.

Una noche apoyó su cabeza en la almohada y escuchó, entre sueños y vigilia, la voz de su hermano Juan. "Del Roma me dijeron que esperan a Magaldi, Negrita. A Magaldi, del Hotel Roma, ¿entendés?" Y Eva entendió. Y soñó que se ponía mucho polvo en la cara y carmín en la boca, que se daba vuelta las pestañas con la tapa de una lata de vaselina en pasta. Que entraba al teatro, que se colaba en su camarín, que Magaldi estaba solo. Que Agustín se enamoraba

[8] *Radiolandia*, 2 de septiembre de 1944.

[9] Ver Irene Amuchástegui: *Agustín Magaldi. La biografía*, Buenos Aires, Aguilar, 1998.

perdidamente de ella y que la llevaba a Buenos Aires y la hacía actriz y mujer y que ella podía morderlo en su sueño y llenarse la boca de él igual que cuando come manzana y escupe la cáscara y se moja las manos porque lo hace con fuerza al mismo tiempo que se atraganta y un hilo de baba le baja por el cuello y le eriza la piel.

Magaldi no llegó. No durante esos días. Fue don Pepe Álvarez Rodríguez, el rector del Colegio Nacional, quien intervino a favor de la chica.

> "Los padres nunca deben torcer la vocación de sus hijos, doña Juana. Deje que vaya. Si fracasa no tendrá con quién quejarse y si triunfa, mejor para ella. Usted habrá procedido como debe, no torciendo su camino."

A regañadientes, viéndose a ella misma cuando era apenas moza y tierna, Juana Ibarguren ayudó, de mala gana, a hacer la valija. La llenó de recomendaciones. Había muy poquita ropa. Con los ojos reventando de lágrimas de bronca, le dio un papel con la dirección y el nombre de una familia amiga, los Bustamante, a quienes conocía bien de cuando todavía vivía Duarte. Eva agregó a su valija la colección de figuritas de artistas que había recortado de las revistas *Sintonía*, *Mundo Argentino*, *Antena* y *Radiolandia*. La había ganado en buena ley. Se la había cedido su hermana Erminda a cambio del lavado y secado de los platos de la fonda. Iba a necesitar las fotos para copiar peinados, atuendos y maquillaje.

Con falda tableada y blusa blanca, Evita dejó su casa y fue, acompañada por la familia, a la estación de Junín. La tribu toda se sentó en un banco del andén. Juana separó a su hija menor del grupo y le puso en la mano 100 pesos. "Tomá. Guardalo bien, Eva", dijo, "Es todo lo que tengo."

Algo la tranquilizaba. En la Capital estaba Juan. "La Evita no va a estar sola", se consoló. Era 2 de enero de 1935 el día en que, con quince años en el cuerpo, Eva Duarte tomó un tren con destino irreversible a Buenos Aires.

> "Muy temprano en mi vida dejé mi hogar y el pueblo y desde entonces siempre he sido libre. He querido vivir por mi cuenta y viví por mi cuenta"[10].

El viaje duró cinco horas. Eva no durmió, no comió, no habló. Tampoco se asustó. Sólo estuvo atenta a su valija. A que nadie se la quitara. Era su única posesión, en ella viajaban todas sus creencias.

El tren llegó a Retiro. Bajó y, mirando la estación, se dijo: "¡Qué suerte ser pobre! La valija no me pesa nada". Ahora tendría que caminar. Sacó de la manga el papelito que le dio su madre y empezó a preguntar. Bajó por la plaza San Martín, se apoderó de Juncal, se enamoró de Arroyo y de Esmeralda. Se sorprendió al llegar a Santa Fe y Carlos Pellegrini. Y suspiró. Miró con detalle a las mujeres que iba cruzando. Empezó a almacenar en su cabeza nuevos modos de vestir y de caminar.

No fue a lo de los Bustamante. Había tomado en serio la conquista de la ciudad. Fue adonde le dio la gana. Respiró en Callao, avanzó hasta Corrientes y luego hasta Sarmiento. "Habitaciones para señoritas", leyó en un cartel de cartón colgado de un portón de hierro, y subió.

La pieza de la pensión, chica, de paredes descascaradas y olor aceitoso, era barata. A Eva le pareció bien. Se instaló y llamó por teléfono a su hermano Juancito. Quedaron en verse. Pero sería más tarde. Primero tenía que averi-

[10] Eva Perón: *La razón de mi vida*. Buenos Aires, Peuser, 1951.

guar la dirección de los estudios RCA Victor. Magaldi estaba grabando un nuevo disco en esa compañía. Usaba un estudio como sala de ensayo y pasaba la mayor parte del día allá. Después de la separación de Facunda Miserendino, su esposa, no había vuelto a tener dirección fija. Ir a buscarlo hasta el barrio de Flores no tenía sentido, él se había ido de su casa. Iría a su encuentro en cuanto supiera adónde.

Bajó un piso por una escalera alfombrada y preguntó. Paroissien 3930. En el barrio de Saavedra. Ahí estaba Agustín. Hasta allá iría. No tenía más opciones. Volvió a subir para arreglarse la cara. Otra vez falda tableada y blusa blanca, prendas únicas en su valija, el cabello recogido a los costados, las orejas asomando, un poco de polvo en la cara, los labios rojos de carmín. Eva salió a la calle, viajó más de dos horas y llegó, por fin, al estudio.

"La Voz Sentimental de Buenos Aires", llamarían más tarde a Agustín Magaldi. En 1938, el 15 de febrero, el locutor Dupuy de Lome, de LR4 Radio Splendid, lo nombró así y el apodo quedó para siempre. Un sentimental era Agustín. En el ambiente de la farándula tenía fama de generoso. Es que el cantante supo pasar hambre y frío, dormir en la calle tapado por diarios. Conoció "la mala" cuando decidió dejar Casilda para conquistar Buenos Aires y aprendió a ser solidario, como lo fue con él Rosita Quiroga.

Eva había leído mucho sobre Magaldi en las revistas. Sabía de su sensibilidad. A Nelly Omar, una cantante jovencita, la presentaba en los recitales como "la futura estrella del tango". Por eso creyó firmemente en que podía ayudarla como lo había hecho con tantos, y fue en su búsqueda.

Los primeros días no pasó del umbral. Hasta que, de tanto verla en la puerta, por pura compasión, alguien la dejó entrar. Así, por lástima nomás, pudo ocupar un lugar en la sala de espera. A la primera que vio pasar fue a Rosita

Quiroga. Pero Eva era terca. No se iría sin hablar con el cantor. Y sucedió. Era él. Estaba de espaldas. Ella se le acercó y cuando lo tuvo de frente le tendió la mano. Sin que le temblara la voz y con pésima dicción le dijo: "Señor Agustín, mi nombre es Eva Duarte. He venido sola desde Junín. Quiero ser actriz. Necesito que me ayude... por favor".

La primera reacción de Magaldi fue seguir su camino. Pero algo lo detuvo. ¿La mirada firme de Eva? ¿El recuerdo fresco de su pasado de hambre? ¿El de su ilusión? ¿La voz suplicante de la chica? ¿La premonición de que ella sería alguien muy grande? "Vení conmigo", le dijo. La sacó a la calle, la subió a su auto, la acercó hasta la pensión. Eva tocaba el cielo con las manos. Estaba sorprendida y el corazón le latía como nunca. Durante el trayecto, le habló de su pueblo y de su sueño. De la necesidad de salir de Junín. Magaldi escuchó su historia, para él tan conocida. Eva se refregaba las manos y se acomodaba el cabello. Miraba su pollera tableada y se alisaba de vez en cuando la blusa blanca. "Y decime una cosa, piba, ¿vos cuántos años tenés?", preguntó Magaldi. "Estoy por cumplir diecisiete", mintió ella.

Apenas llegaron, Eva se fijó enseguida si Juancito la estaba esperando en la puerta de la pensión. "Vos no podés vivir acá. Seguro no te alcanza la plata", le dijo Agustín, mirando la fachada de la casa. "¿Dónde comés? ¿Qué comés? ¿Te trajiste plata de Junín?" Él, que en sus primeros tiempos en Buenos Aires había tenido que vender hasta su ropa para poder alimentarse, sabía de lo que hablaba. Ella le contó que había ido alguna vez hasta La Boca. Que allá había una fonda, de un amigo de su madre. Allá, en La Boca, se reunía todo el mundo que llegaba de Junín a Buenos Aires. Y también le dijo que se había asustado porque la policía, en ese barrio, hacía procedimientos de noche, justo en las horas en las que ella volvía sola a la pensión. "Mirá, haceme caso, mientras vemos cómo va funcionando la cosa, te mudás a lo de una amiga. Ella te va a dar una mano, es muy gaucha la mina."

Esa amiga de Magaldi fue la segunda maestra de Eva Duarte. No le enseñó a recitar poemas como Palmira Rapetti, la de Junín, pero le dio buenas armas. Le enseñó a caminar la calle. Y la hija de Juana Ibarguren se cambió de casa una vez más. Se fue a la calle Corrientes a metros del Bajo. Se mantuvo a mate cocido para no molestar a su compañera y aprendió casi todo.

Cuando no salía, Eva se asomaba al balcón de la casa, que tenía forma de medialuna. Allí pasaba largos ratos mirando la calle y tomando mate. Descubrió en Buenos Aires la yerba Salus, que venía de a un octavo. Diez centavos valía el octavo, más caro que en Junín. Por eso era mejor usar la yerba para el cocido, gastaba menos, aunque el mate le gustaba más.

De vez en cuando, siempre sin avisar, Magaldi la pasaba a buscar en su auto. Eva lo acompañaba sin hacer preguntas. Llegaban hasta una callecita oscura y él le pedía que lo esperara en el coche. Bajaba, entraba a una casa y salía al cabo de dos o tres horas. Luego la llevaba de vuelta. A veces, pocas, un hombre le avisaba: "Buenas noches. Dice Agustín que lo espere, que ya viene. Va a tardar un rato más". Ella no sabía aún de la debilidad de Magaldi por el juego. Las cartas le consumían el tiempo y el dinero. El cantor apostaba fuerte. El juego lo perdía. Las carreras de caballos también.

Eva, en su espera, soñaba con conquistarlo y a medida que pasaban las horas, su pretensión bajaba, y se conformaba con una distraída caricia. Aunque quería un beso de Magaldi. Estaba dispuesta a recibirlo y a devolverlo. Pero Agustín salía de sus reuniones enojado. Después de dejar la mesa de póquer, subía al auto y manejaba sin pronunciar palabra. En unos pocos viajes, Eva había aprendido mucho y, reviviendo a cada cuadra el silencio que habían compartido Juan Duarte y su madre, esperaba una señal.

Por suerte, esas extrañas salidas ocurrieron en pleno verano. Eva, por la ventanilla abierta del coche, respiraba el aire fresco de la noche tratando de no pensar demasiado. Sabía que la buena suerte estaba por llegar. Su hermano Juancito le había prometido que todo saldría bien. Y ella le creía, claro que le creía. Juan tampoco quería volver al pueblo. Magaldi le había asegurado que hablaría con sus conocidos. Que usaría influencias para conseguirle un trabajo.

Así, entre promesas, el cantante la llevó a su casa, en Alsina al 1700, y al tiempo dc conocerse comenzaron una tibia y casi forzada relación amorosa. Al fin y al cabo, los dos estaban más que solos en Buenos Aires. Y muertos de miedo. Agustín porque vivía deprimido. Su ex mujer, Facunda, le había prohibido ver a Agustincito, su único hijo. Magaldi estaba triste. Y Eva, que sólo estaba pendiente del porvenir, ni siquiera tenía reproches hacia su compañero, que ponía tanto empeño en ocultar la relación. Es que Facunda había tomado por costumbre hacerle escenas de celos. Le dejaba cartas en el parabrisas del auto, lo esperaba a la salida de la radio para insultarlo a gritos. Por eso, Eva y Agustín salían poco. Preferían quedarse en silencio, prendidos de la radio. Imaginando el futuro ella, revolcado en el pasado él.

¿Por qué Magaldi, a quien en esa época todo le daba lo mismo, sostenía una relación con una adolescente inculta, inexperta, recién llegada del interior? Evita lo hacía reír. La chica evocaba las tardes de actuación en su pueblo. Representaba el papel de payaso y le hacía en privado unas acrobacias que había inventado para divertir a sus amigas. Pero a Magaldi verla sólo le provocaba ternura. Le hacía recordar su propia infancia.

Eva lo invitaba a sentarse en el sofá descosido de la única pieza de la calle Alsina y le recitaba media docena de poemas que sabía de memoria. Podía hacerlo durante una hora entera. Y él la escuchaba hasta que el aburrimiento encendía el deseo. Entonces, la sentaba en sus rodillas y le acariciaba la espalda con la mano abierta. La pollera que tanto había planchado se arrugaba a la altura de la cintura y Magaldi en camiseta le hacía el amor, cortito y al pie, como para cumplir con su condición de varón.

Mientras Alfredo Palacios y Arturo Capdevilla daban conferencias por la radio, la actriz Berta Singerman interpretaba "briosamente" en el Teatro Colón un repertorio de poemas de Rubén Darío, y Norma Shearer se preparaba para el papel de Julieta contratada por la Metro Goldwyn Mayer, Eva Duarte iba conociendo la ciudad. Su debilidad eran las vidrieras. Y de todas, se quedaba con las de joyas. Frente a Escasany, la de Avenida de Mayo al 1400, se había enamorado perdidamente de un collar y una cruz enchapados. El conjunto costaba tres pesos. Un imposible. "Todos los juegos de oro son entregados en un estuche en forma de capilla", había leído en el diario. Ella se acercaba a los vidrios y soñaba con conjuntos de pulseras y cadenas, que años más tarde podría cambiarse a cada hora sin que le alcanzase la vida para repetirlos. Pero entonces, sólo quería estar más linda para Agustín y para conseguir trabajo.

Además de caminar como nunca en su vida, Evita había hecho una lista con las direcciones de todos los teatros. Había sacado los datos del diario. Una listita sin orden alfabético, escrita en lápiz con letra nerviosa. Tenía que aprender las calles y armarse un recorrido. Mientras esperaba la ayuda del cantante, haría lo suyo. Como ella sabía. Solita y sola. Porteño: Corrientes 846, Maipo: Esmeralda 443, Ateneo: Cangallo 927, Cómico: Corrientes 1280.

La lista le llevó más tiempo del que suponía. De repente, cuando menos lo esperaba, Agustín le dijo que tenía algo para contarle. Respiró hondo y lo escuchó: "Hablé con un amigo. Un director. Hablé con dos, en verdad. Te esperan. Mañana. Están por estrenar una obrita de teatro y les hablé de vos, Evita". ¿Magaldi pagando los favores de la adolescente? ¿Repitiendo sus tantos actos de generosidad? ¿Sintiendo que si ayudaba a los otros reivindicaba su propia historia?

Eva fue citada por José Franco y por Joaquín De Vedia, un actor y un director de teatro, ambos en el proyecto de una obra, *La señora de los Pérez*, de Eduardo Marsili. Una comedia. Y podía ser parte de ella. La chica que había llegado desde Junín tenía una posibilidad. Y no iba a desperdiciarla.

Magaldi no había mentido. Intentó darle una mano a Eva y tenía prueba de ello: una dirección, la del Teatro de la Comedia, en la avenida Carlos Pellegrini. El cantante era amigo de José Franco. Lo visitaba en su casa. Adoraba a su hija, también actriz, también muy joven, también de nombre Eva. Ella fue testigo del pedido de Agustín. "Te pido trabajo para una amiga que viene desde lejos", le había dicho a su padre.

Y así, el 28 de marzo Eva Duarte, después de rendir una prueba en la que debía decir "La mesa está servida" y de tener varios ensayos con toda la compañía, debutaba en el papel de mucama en la comedia *La señora de los Pérez*.

Magaldi había cumplido su palabra. Ella, de antemano, había pagado el favor.

"Nosotros, por nuestra parte, contentos de ver los exquisitos valores artísticos que surgen de nuestro ambiente, auguramos a esta señorita (Evita Duarte) el más florido triunfo, y esperamos que su elogiosa labor y sus excelentes dotes personales se vean prontamente coronadas del meritorio éxito al que se hace acreedora"[11].

[11] *El Amigo del Pueblo,* Junín, 30 de marzo de 1935.

Capítulo III

Sola en Buenos Aires. Eva tenía el beso en la boca que fue a buscar. Pero no alcanzaba. Se imaginó la nueva "señora de Magaldi", se vio bajando de su auto en la puerta del teatro. Se espió en aquellas visiones. Se supo importante por momentos. Fantaseó con mudarse a su pieza, con doblar su ropa, con que le dedicara alguna canción. Creyó que a él podía darle todo: frescura, juventud, candidez, desenfado. Creyó que se haría querer por el pequeño Agustín hijo. Que la vida la había puesto en su camino para algo importante, definitivo. Anheló darle más hijos a Magaldi, esperarlo cada madrugada para sentarse juntos a la mesa y cenar alguna cosita preparada por ella. Soñó eso y soñó más, pero no consiguió nada. En cambio, aprendió a llorar. Y aprendió a esperar. A pasar hambre de trabajo y hambre de afecto. Hambre de compañía. A pasar la soledad y a sentir la sensación de ser nadie en una ciudad enorme. A veces se distraía con alguna idea loca, hacía planes, se alimentaba con su propio entusiasmo. Pensaba, por ejemplo, en sorprender a Magaldi, en aparecerse en su pieza y esperarlo desnuda sobre el colchón. En ir a buscarlo a la salida de la radio y esconderse detrás de un árbol hasta que él subiera a su coche y ella asomara su cara por la ventanilla y le dijera "bú" y él sonriera por la sorpresa y su largo flequillo oscuro cayera sobre la frente, como a ella le gustaba tanto.

Eva imaginaba que los 100 pesos que le había dado la Juana se estiraban hasta el infinito y que no necesitaba nada más para mantenerse en Buenos Aires. Estaba segura de que no volvería a Junín. Y los primeros días de enero de 1935 sabía bien que debía empezar a ganar plata y que tenía varios caminos. Podía emplearse en una tienda de las que había en la calle Florida, trabajar como doméstica o dejarse tentar por la fuerte demanda de los cabarés de la avenida Alem. Pensándose empleada, sirvienta o prostituta, llegó una mañana hasta Cangallo 860, hasta la puerta de LR8 Radio París. Y aunque no consiguió trabajo de inmediato se llevó una promesa: en abril comenzaría un ciclo de audiciones. La emisora estaba renovando su elenco y le daría un pequeño espacio para volver a declamar. El director general, Chans Moreno, ya había contratado a figuras como Ignacio Corsini, Pedro Maffia y Magaldi-Noda, que en su última aparición como dúo debutó ahí los primeros días de marzo.

En la puerta de la radio, Eva conoció a chicas que, como ella, buscaban una oportunidad de trabajo. Con muchas hizo buenas migas y en pocas horas, mientras permanecían paradas en la vereda, a la espera de alguna estrella, les contó su secreta relación con Agustín Magaldi. El cantante, con un imperativo "por favor", le había pedido discreción. Pero Eva no la tuvo. Magaldi se enteró y después de decirle que se olvidara de él, ya no volvió a buscarla.

"Sabés que no me gusta recordar esos tiempos"[12].

[12] Testimonio de Eva Duarte a Vera Pichel en *Evita íntima*. Buenos Aires, Planeta Bolsillo, 1997.

Eva ligó un papelito en Radio París que le daba casi nada de dinero. Por eso, a los recorridos diarios en busca de más trabajo comenzó a sumarles los nocturnos. El circuito no era difícil. Lo aprendió enseguida. La avenida Corrientes, en pleno proceso de ensanchamiento, era una especie de semillero. La bohemia porteña estaba al alcance de cualquiera y los empresarios, los periodistas y los artistas se reunían en los bares, al caer todas las tardes, a comer y a tomar. Corrientes, la que luego se convirtió en la avenida de las ideologías, era para Eva la avenida de las posibilidades. Las amigas que hizo en la puerta de la radio le sirvieron para variar su vestuario. La primera noche que salió de ronda pudo deshacerse por fin de su pollera tableada marrón, la misma con la que, hacía poco menos de dos meses, había llegado a Retiro.

Y Buenos Aires no era Junín. En pocas horas aprendió la jerga de la calle. "Desgraciado, te doy un carterazo" o mejor, "Metete la mano en el culo" fueron las dos frases que nunca le fallaron a la hora de sacarse tipos de encima. Es que su propio culo, pequeño y adolescente, empezaba a ser mirado con deseo. Faltaban varios meses para que se promulgara la Ley de Profilaxis y la vida nocturna estaba a pleno. Eva, en el centro de la ciudad, se codeaba con todo tipo de gente. En poco tiempo se acostumbró y aprendió a qué lugares debía entrar cada noche para encontrarse con las personas que le habían marcado como indicadas. La Real era una parada fija. Sus columnas de mármol y los espejos biselados le parecían un palacio y sentía que le traerían suerte. Salía de allí, caminaba hasta Corrientes y Uruguay y se daba una vuelta por El Telégrafo.

Cuando empezó a ensayar con la Compañía Argentina de Comedias ya no se veía con Magaldi. El 28 de marzo de 1935 pisó por primera vez el escenario de un teatro porteño para el estreno de la obra *La señora de los Pérez* en el Teatro de la Comedia. Y aunque ni siquiera figuraba entre los actores de reparto, su papel fue elogiado.

Días después del debut, se cruzó con Magaldi en un pasillo de Radio París. Hablaron por última vez. Él la trató con distancia. "¿Qué hacés, nena? ¿Cómo te va, tanto tiempo?" Eva intentó armar una nueva cita pero él puso excusas tibias. "Nos vemos, gracias por todo", le dijo ella mientras levantaba la palma de la mano derecha. Giró, le dio la espalda y caminó de nuevo el pasillo pensando que sin ese hombre se las arreglaría igual.

Fue Edmundo Guibourg quien, al escribir la crítica de la obra, reparó en la mucamita. Al día siguiente, en la sección de espectáculos del diario *Crítica*, apareció escrito: "Muy correcta en su breve intervención Eva Duarte". Y esa oración fue como otra llave de la ciudad para la chica llegada desde Junín. Un reconocimiento por escrito tenía el valor de un documento. Al ver el diario, recordó quién era Guibourg. Magaldi se lo había presentado una noche en La Real. Quizás el periodista se sintió conmovido con su historia, que le recordó a la de Carlos Gardel y su padre, Paul Lasserre "con dos eses y dos erres", y el tardío intento por reparar su paternidad.

"La mesa está servida", repitió Eva tres y cuatro veces, según la cantidad de funciones programadas, hasta el 16 de abril, cuando la obra bajó de cartel. Fueron apenas quince días de trabajo. Las secciones de espectáculos de los diarios instalaron entre el público la certeza de que ese vodevil no estaba a la altura de la compañía de Eva Franco. Entonces se decidió un cambio de libro. Pero en las dos obras siguientes la Duarte no actuó y no cobró un solo peso. Volvió entonces a las recorridas por los lugares de moda, buscando a un empresario, un periodista, un director que le diera una mano. Todavía, en esas vueltas, a Eva la sorprendía escuchar: "¿Querés acostarte conmigo? Te regalo una pulsera". Pero ella no quería pulseras. Quería trabajo. Y así, esquivando propuestas e intentando llegar hasta quienes podían acomodarla, cumplió los dieciséis. El 7 de junio de 1935, sin dinero y con angustia, no festejó. Por primera vez cumplía años lejos de Juana, de Erminda, de Blanca y de Elisa. Lejos de mamá y de sus hermanas. Ese día tampoco pudo encontrarse con Juan para compartir, al menos, una taza de café con leche. Pero a la noche se desquitó de tanta soledad y, por primera vez, salió acompañada de una tanguería ubicada en un sótano de Callao. Llegó con una amiga. Dio unas vueltas entre las mesas hasta que alguien la invitó. Bailó dos tangos y se fue con el hombre. A la mañana siguiente, en su cartera, tenía unos pesos para seguir tirando.

Esos días, Evita ni se imaginaba que alguien la recordaba muy bien. José Franco, el padre de la Eva famosa, se había entusiasmado con ella. Y fue esa calentura la que hizo que la chica volviera a las tablas en la misma compañía. Fue el 19 de junio, en el Teatro de la Comedia, con *Cada casa es un mundo* de Carlos Goycochea y Rogelio Cordone. Su personaje era María, y su parlamento algo más extenso que el de *La señora de los Pérez*. De lunes a viernes hacía dos funciones diarias. Los sábados y domingos, tres. La primera empezaba a las tres y media de la tarde. El "gran éxito cómico" costaba un peso con cincuenta en la "Platea Vermouth". El 9 de julio fue la gloria. Radio La Nación transmitió la obra en vivo, en la emisión de las diez y cuarto de la noche. Así la voz de Eva, desde el escenario de un teatro, entró por primera vez en miles de hogares. Y por última. El 16 de julio se prohibió la transmisión de obras de teatro por radiofonía.

El diario *El Pueblo*, de Junín, recogió su aparición. Eva lo recortó con prolijidad y lo puso en un cuaderno junto al de Edmundo Guibourg.

"María Santos, Herminia Franco, Eva Duarte y Pascual Pelliciotta secundaron dentro de las posibilidades de sus papeles"[13].

Con la obra *Cada casa es un mundo* apareció en la vida de Eva el actor Pascual Pelliciotta. Se habían cruzado algunas veces en los tiempos en que ella tenía ojos sólo para Magaldi. El actor, en cambio, la venía mirando con atención desde hacía tiempo. Ambos abrían el primer acto. Ella, vestida de mucama "interesante, como todas las mucamitas de la comedia. Descorre la cortina de la ventana. Bosteza, se despereza y comienza a limpiar. De la calle llega Osvaldo". El papel de Osvaldo le correspondía a Pelliciotta. Y el diálogo inicial que mantenían sobre el escenario empezó a mezclarse con el personal. Intercambiaban un lenguaje corporal, lleno de guiños y palabras por lo bajo, que escapaba a los espectadores. La escena se convirtió, de pronto, en el momento más esperado del día para Eva. Osvaldo y María actuaban sobre el escenario mientras Eva y Pascual se dedicaban a seducirse.

María: Los disgustos que se lleva la pobre señora por usted y con razón. No hace más que una semana que llegó del campo restablecido y ya está buscando enfermarse otra vez.
Osvaldo: Sermones no, querida, que me dan sueño y lo que yo necesito ahora es despabilarme, darme un bañete sober-

[13] *El Pueblo*, Junín, 21 de junio de 1935.

bio y quedar fresco como una lechuga para hacer creer que he pasado la noche durmiendo aquí[14].

Pascual Pelliciotta consoló a Eva el 25 de junio cuando, poco antes de la función, se enteraron de la muerte trágica de Carlos Gardel. A la salida del teatro, él la invitó a comer a un bolichito de la calle Maipú. Tomaron vino tinto y pasaron la noche juntos en un cuarto de alquiler. Eva no acostumbraba llevar a nadie a su pieza y así se garantizaba la confianza de los dueños y un estirón en el plazo del pago de la renta. Pascual y ella se acostaron en la misma cama. Se acariciaron poco. Se durmieron vestidos, abrazados. Al otro día, se levantaron sin hablar y cada uno se fue para su casa. Faltaban unos meses para que se acariciaran más. Parecía que cada uno lo sabía en secreto.

Pelliciotta se convirtió en una buena compañía y en un buen escudo que la alejaba, al menos por momentos, del acoso cada vez más evidente de José Franco. Por suerte, pensaba Eva, mientras hacía *Cada casa es un mundo* no le tocaba cruzarse con José en el escenario aunque, tras bambalinas, la situación era insostenible.

Pero Eva estaba mejor de ánimo. La obra le permitía probarse como actriz. Tenía que sollozar, hablar entre dientes, en tono entrecortado: "El señor Or... Or... Ortiga". Practicaba todo el tiempo. Caminando por la calle, en la pieza de la pensión, en los pasillos del teatro. También en el asiento del tranvía. Desde el espejito retrovisor, el *motorman* observaba sus gestos, la sucesión de muecas en series repetidas e

[14] Carlos Goycochea y Rogelio Cordone: *Cada casa es un mundo*, pieza cómica en tres actos. *Revista Teatral Argentores*. Año II, N° 66, 25 de julio de 1935, Buenos Aires.

interminables. Y aunque el trabajo la evadía de la realidad, todos los días, al terminar la obra, volvía a pensar que la plata no le alcanzaba. Su trabajo como actriz era durísimo y a eso se sumaban las *tournées* nocturnas en busca de nuevas oportunidades laborales.

El 6 de julio, catorce días antes de que la compañía decidiera bajar de cartel la obra, una pequeña foto del rostro infantil de la Duarte, rulitos, cabello oscuro, cejas negras bien trazadas, ilustró una columna angosta en la revista *Sintonía*. El texto era importante. Hasta tenía título en letra más grande y pesada: "Evita Duarte pasó al teatro".

> "Evita Duarte, recitadora de grandes recursos emotivos, que logró destacarse en su paso por diversas radios porteñas, ha ingresado con buenos augurios al ambiente teatral sin descuidar, empero, su actuación en Radio París donde cuenta con bastantes oyentes. Evita Duarte inició su carrera teatral bajo los mejores auspicios ya que integra el actual elenco de Evita Franco, la destacada primera actriz argentina."

El 22 de julio sería la última función. La compañía de Eva Franco salía de gira por el interior del país. A pesar de la buena crítica que había tenido, faltaba muy poco para que Eva se quedara sin trabajo otra vez. Por eso decidió adelantarse al hambre que vendría y salió a tocar las puertas del Teatro Porteño. La "graciosísima vedette criolla" Tita Merello protagonizaba *Andan matreros los cobres*. Pero no tuvo suerte. La compañía no necesitaba actrices. Eva lo resolvió igual. En un arrebato decidió mudarse de pensión y así recortar sus gastos. Vivir en el centro tenía ventajas pero se le iba mucha plata en alquiler. Hasta ese momento, con los pesos que había ganado se había dado el lujo de mandarle bastante dinero a su madre. Lo decidió y se fue a La

Boca. Ya conocía bien la calle Corrientes y no tenía miedo. En La Boca podía ahorrar 20 pesos por mes. Fue a parar a un cuarto con techo de chapa, en una casa grande y poblada. Estaba cómoda aunque las vueltas desde el centro se hicieron más complicadas, así que anotó en un papel los horarios del tranvía. El último, el de las diez, era el que debía tomar. Un par de días le alcanzaron para acostumbrarse al barrio portuario. En la pensión sonaba todo el día la radio del patio y ella la podía oír desde su pieza. La orquesta de Fresedo, que salía por LR6 La Nación, la acompañaba mientras se daba los últimos toques de polvo en la cara antes de ir para el centro. Aunque no tenía qué ponerse se había ocupado de memorizar los consejos de belleza de Jean Harlow, que había leído en un ejemplar de *La Nación* que alguien dejó sobre la mesa del patio de la pensión. "La dificultad de hallar un conjunto feliz, los colores que no convienen, no sacrificar la línea por el color y el peligro de los vestidos excéntricos."

Decidió probar suerte en Radio Fénix. Le fue bien, la contrataron pero por monedas. Como se le había hecho costumbre, apretó su presupuesto por la comida. Tomaba algo al levantarse y así tiraba hasta la noche. Perdió peso y se le empezó a notar.

Una tarde de febrero, por la radio, se enteró de que en la Avenida de Mayo habría una fiesta de carnaval. Contenta se fue para el centro y vio con sus propios ojos las doce pistas de baile con dos orquestas cada una. Estaba entusiasmada, pero un frío repentino la hizo volver a La Boca. Se sentía mal y tomó el tranvía de las diez. Apenas tenía dos tazas de mate cocido en el cuerpo. El guarda la vio descompuesta y se ofreció a acompañarla hasta su casa, pero Eva declinó: "No se preocupe, estoy bien y acostumbrada al barrio".

Semanas más tarde la compañía de teatro en la que había trabajado regresó a Buenos Aires.

> "Eva Franco se retirará este año del teatro. Se despedirá del público a fines de noviembre. Motiva su determinación el hecho de contraer enlace"[15].

La obra que despediría para siempre de las tablas a Eva Franco requería un gran elenco. *Madame Sans-Gène*, una pieza en cuatro actos de Émile Moreau y Victorien Sardou, en versión castellana de Pablo Suero, era la elegida por la otra Eva para despedirse de su público a lo grande. La Duarte se presentó a la prueba y José Franco, el director, se la tomó. En ningún momento se detuvo en la lectura del libreto. Su atención, en cambio, se estancó en las piernas de Eva y luego pasó al cuello. Quedó fijada en la fantasía que le provocaba, desde hacía tiempo, esa chica de dieciséis años. La aprobó y la contrató. La tendría cerca y, tras bambalinas, volvería a espiarla.

El estreno fue un éxito. En las butacas del Teatro Cómico, ubicado en Corrientes 1280, se sentaron el embajador de España y la actriz Lola Membrives. Evita estaba eufórica. Tenía dos papeles. Julia en el primer acto y Madame Bassano en el segundo. Había caminado mucho para conseguir el vestuario. En esos tiempos, cada artista debía procurarse sus propios trajes. Una amiga la había recomendado a otra y así llegó hasta la casa de Irma Córdoba. Ella le vendió los vestidos y Eva, con tal de actuar, le quedó debiendo.

[15] *La Nación*, 23 de julio de 1935.

"Usó un traje que después le sentaría tan bien con el tiempo. Un traje de persona acomodada, propio de quien tiene marido, una influencia"[16].

El día del estreno, Eva Franco estaba desorientada. Al final de la función llegaron a su camarín varios ramos de flores. Cuando abrió la primera tarjeta leyó "A Eva Duarte". La segunda, la misma dedicatoria. Y así el tercer ramo, y el cuarto. Sintió que la belleza de aquella provinciana había ensuciado la gloria del fin de su carrera. Sintió odio y amargura y antes de encerrarse, sacó todas las flores al pasillo y ordenó que se las llevasen a Evita.

"La confusión provocó las bromas de todos los compañeros, que la apabullaron con chanzas de todo tipo. El incidente trascendió a la prensa y se dijo que yo me enojé y que quise despedirla de la compañía. No fue cierto pero debo confesar que no salía de mi asombro al ver cómo una jovencita recién iniciada en el teatro tenía ya tantos admiradores"[17].

Los ramos de flores eran el fruto de sus noches recorridas. Los hombres que la vieron dando vueltas por los bares y las tanguerías se tomaron la molestia de enviarle una atención. Mientras se cambiaba apurada para alcanzar el tranvía, Eva sonrió su victoria y dijo en voz alta: "¿Y qué carajo hago con las flores? Mejor me hubieran mandado guita, mejor".

[16] Eva Franco: *Cien años de teatro en los ojos de una dama*. Buenos Aires, El Francotirador Ediciones, 1963.

[17] Ibídem.

Capítulo IV

Jueves 2 de enero de 1936. Un año en Buenos Aires. Calor otra vez.

"En el Cómico debuta esta noche un elenco. La primera actriz Irma Córdoba y el primer actor Pascual Pelliciotta con la dirección de José Franco"[18].

El primer aniversario de su llegada a la ciudad Eva Duarte lo festejó trabajando en dos funciones diarias, encaramada al escenario del Teatro Cómico. Le tocó un buen papel. Había logrado, al fin, que la corrieran de mucama. En el orden del mundo del teatro, Eva había sido ascendida. Ese 2 de enero era una señorita. La señorita Wade. De profesión secretaria, por suerte. Por suerte porque no tuvo que esforzarse para conseguir el vestuario. Ropa de calle, nomás. De trabajadora. Algo arregladita pero, a propósito, pasada de moda. La obra era *La dama, el caballero y el ladrón*, de Federico Mateos Vidal. Una comedia con prólogo y tres actos, dividido el segundo en dos cuadros. Eva Franco estaba retirada y la primera actriz era Irma Córdoba. Esa

[18] *Crítica*, 2 de enero de 1936.

vez, la mucama elegida fue Margarita Tapia, una joven principiante incluso menos preparada que Evita.

A la Duarte le tocaba aparecer en el segundo cuadro. Y en los momentos previos a su salida a escena, repasó el año que dejaba atrás. Recordó su llegada a Buenos Aires, su corta y amorosa relación con Agustín Magaldi, sus trabajos en la radio y su grupito de amigas. Repasó su acercamiento a Pascual Pelliciotta, la interminable raya al costado de su peinado aplastado y las infinitas veces que tuvo que esquivar a José Franco. Recordó a los admiradores que le enviaron flores al camarín pero que, finalmente, no le dieron nada mejor. También pensó, sin detenerse demasiado, en el hombre de la tanguería que le pagó por sexo. En el hambre que hizo que el hombre le pagara por sexo. En el hambre de su monedero siempre flaco. Supo que el año que dejaba atrás había justificado cualquier sacrificio y se propuso vivir mejor entonces, un poco mejor. "La señorita Wade, enseguida de llegar, se saca el sombrero y se prepara para trabajar en su máquina de escribir. Algo cohibida[19]". Entonces entraba por la derecha, se quitaba el sombrero y le decía a su compañero Olindo Bobbio o Perkins:

> "¿Vistiéndose? ¡Aaah! ¿Qué suponen sus palabras? Le prohíbo que siga hablando de esa forma".

Eva tenía en su parlamento cuatro frases más, a las que su *partenaire* contestaba. El resto del cuadro permanecía en silencio, sentada junto a la máquina de escribir. Las luces bajaban y desaparecía del escenario hasta el saludo fi-

[19] Federico Mateos Vidal: *La dama, el caballero y el ladrón (el buen ladrón)*, *Argentores*, Año III, Nº 91, 16 de enero de 1936.

nal. Se quedaba por ahí, haciendo tiempo, esperando salir al escenario una vez más para después cambiarse de ropa y caminar hasta la parada del tranvía. Todavía debía esquivar dos o tres veces más la mirada de José Franco.

Desde que Eva Franco no estaba en la compañía, los lances y las persecuciones habían aumentado. Cuando su hija estaba ahí, José era mucho más cauto. Por lo menos en apariencia. En ese tiempo la protegía a ella y a las otras actrices de su edad. Era lógico. Su niña tenía diecisiete años. Ganaba 3000 pesos al mes. Con cada sueldo podía comprarse dos autos nuevos. Y Franco era tan feliz viendo actuar a su hija que hasta le regaló la compañía como una manera más de cuidarla. Todos ahí sabían bien de su gusto por las mujeres jóvenes. Cuando Evita Franco se fue pudieron comprobarlo. También tenían noticia del dinero que invertía metódicamente en las carreras de caballos. Tanta era su afición por ese juego que hasta tenía un *stud*, que supo compartir con Carlos Gardel. Franco jugaba a lo que viniera. Y casi siempre perdía.

El martes 7 de enero fue un día extraño. Por primera vez en la historia, los actores gozaban por ley de una jornada de descanso. Eva se levantó más tarde, desayunó una taza de mate cocido y comenzó su ritual. Se vistió con ropa de calle, se maquilló un poco la cara y salió a tomar el tranvía. Durante el viaje se le ocurrió que debía cambiar otra vez de pensión. Sus compañeros le habían comentado que un poco más allá de Rivadavia al 5000 podía encontrar piezas baratas y que el tiempo de viaje era más o menos igual que a La Boca.

Y el primer martes de descanso Eva no descansó. Otra vez recorrió las radios y otros teatros. Sabía que la obra iba a bajar de cartel y quería estar prevenida. Ese mediodía entró a una lechería del centro, pidió un café con leche y un diario prestado.

"La Fiesta de Manuel. Gran exposición y feria de arte y comercio. Homenaje al IV Centenario de la Fundación de Buenos Aires. Local de la Sociedad Rural de Palermo. Mayores: 1 peso. Menores: 0,50"[20].

Terminó la taza, raspó con la cucharita el azúcar que quedaba en el fondo y fue para allá. En la feria representaban sainetes y necesitaban actores, pero todavía no le convenía dejar su compañía. *La Fiesta de Manuel* estaba programada para las semanas del verano. La noticia la alivió. Si no era hoy, sería mañana.

Y mañana llegó. El elenco comenzó a ensayar *Noche amarilla* y no había papel para ella. El 15 de enero se alternaron las funciones. A las 18:30, *La dama, el caballero y el ladrón*. A las 22:15, *Noche amarilla*. Eva tenía más tiempo. Intentó un lugar en *La Fiesta de Manuel*. Lo consiguió. Se mudó de pensión. Desde la Sociedad Rural tomaba un colectivo que la llevaba hasta más allá de Rivadavia al 5500. La actriz Pastora de Jorge, con la que compartía el camarín, se bajaba al 4000. Eva seguía viaje durante diez minutos más. Y en esos diez minutos de soledad se angustiaba otra vez. La plata no alcanzaba y para peor a *Noche amarilla* le iba muy bien. Sabía que vendrían más tiempos de hambre. Y de tristeza. Se enteró de que Pascual Pelliciotta se había desvinculado de la compañía de José Franco. Se iba a trabajar a Montevideo. Se iba todo él con su raya al costado y el pelo tan engominado que parecía de baquelita. Se iba y por un tiempo no vería sus cejas con forma de medialuna. Con la actriz Camila Quiroga se iba Pascual a trabajar. "Que le vaya bien", dijo Eva y entonces se puso a pensar en Agustín Magaldi.

[20] *Crítica*, 7 de enero de 1936.

Por la gente de la compañía supo que él había vuelto a Flores, a la casa de doña Carmen, su mamá, y de sus hermanos. Se enteró también de que estaba más jugador que nunca. Que había querido empeñar su auto por unos billetes y que se había separado de su compañero Pedro Noda. Que el dúo había tocado por última vez en el Teatro Nacional en La Plata. Intuía que Agustín estaba solo y ella quería aprovechar, porque estaba sola también. Mientras el colectivo avanzaba a medianoche por la avenida Rivadavia, escribió en su mente una carta. A la altura de plaza Lezica, la terminó. Era una carta de amor suplicante. De lo que todavía podría ser si él lo dejaba hacer. Al otro día compró papel y la escribió tal cual la había imaginado. La escribió primero en lápiz y después la pasó a tinta. Fue a la oficina de correos y la mandó. Pero nunca tuvo respuesta. Y entonces mandó otra, que tampoco tuvo respuesta; Eva no pudo recordar jamás el número de veces que fue al correo y le pasó la lengua al sobre y a la estampilla.

La dama, el caballero y el ladrón bajó irreversiblemente de cartel. Y a pesar de que el sainete *La Fiesta de Manuel* era un éxito, no representaba demasiada ganancia. A fines de febrero, Evita quedó otra vez sin trabajo. Su hermano Juan la ayudó un poco. Sus noches en el Tabarís, el Gong y el Embassy un poco más. De ayuda en ayuda pasó marzo y abril de 1936.

A principios de mayo fue convocada nuevamente por José Franco. El actor y director había rearmado filas e incorporado a las primeras figuras Pepita Muñoz y Eloy Álvarez. Eva ingresó en la Compañía Argentina de Comedias Cómicas y con una novedad: por primera vez saldría de gira. Iría sola, aunque las actrices de su edad iban acompañadas por sus madres. Ella iría sola porque Juancito había conseguido un trabajo y no podía dejarlo. Así, el 13 de mayo, el diario

La Capital de Rosario anunciaba para el 20 la presencia de esa compañía en el Teatro Odeón de la calle General Mitre 754. La Compañía Española de Zarzuelas que estaba en cartel había tenido inconvenientes y Franco decidió apurar los tiempos del estreno de *Miente y serás feliz*, escrita por Arnaldo Malfatti y Nicolás de las Llanderas.

Eva se encontró de nuevo y de pronto con su valija marrón, temprano, en la estación Retiro. Antes había pasado una prueba dura. La que le tomó Pepita Muñoz para incorporarla al nuevo elenco. Por suerte, su hermano Juan la había acompañado. Cuando llegó, la sala de espera estaba llena de actores y actrices que iban a lo mismo. Juan le dio un beso y prometió esperarla en la vereda. Eva entró, no habló con nadie y esperó. A su turno, la Muñoz le dio a leer un texto dramático. No tardó en darse cuenta de que la Duarte no sólo tenía una pésima dicción sino que su voz estaba poco entrenada y que su lengua, indefectiblemente, se trababa una vez por oración. Leyó mal, interpretó peor, pero quedó. Así lo decidió el guiño que Franco le hizo a Pepita Muñoz. En el tiempo que duró la prueba, José imaginó lo que sería tener a Evita cerca en una gira. Tendría controlado el hotel, el número de habitación, los movimientos de la actriz. Rosario era pequeña. Mendoza también. Sabía que sólo era cuestión de tiempo, que debía esperar la oportunidad. Eva nunca notó la intervención de Franco en la decisión de Muñoz, y por eso salió contenta, saltando, y abrazó a Juancito emocionada. "Tengo trabajo", le dijo. "Me voy para Rosario. No me vas a tener que ayudar por un tiempo, Juan. Mandá esa guita a Junín". Tenía trabajo, un viaje y un papel en la obra: en Rosario sería pianista. Una mala pianista. Antes de salir para Retiro, le puso otra carta a Magaldi. Una hora más tarde, subió al tren.

Su compañera de pieza era Josefina Bustamante. Se habían conocido hacía un año. Se cayeron bien. Fina la defendió el día aquel del altercado con Eva Franco por la confusión de admiradores y ramos de flores. Escuchó las puteadas de Evita y le cayó simpática. Fina era unos años mayor y la Duarte corría detrás de ella todo el tiempo. Tan amigas se hicieron que se pusieron de acuerdo para viajar a Rosario un día después que el elenco. Fina debía buscar un reemplazo en la radio y Eva aprovecharía para pasar el día entero con Juancito, que estaba de franco.

En el tren no dejaron de hablar. Rosario las recibió con lluvia. Se alojaron en un hotelito cercano a la estación de tren y al otro día, después de pasar por el Hotel de Italia, ubicado en Maipú al 1000, donde se hospedaban los dueños de la compañía, buscaron unirse al resto del elenco. Fueron entonces para Las Colonias, en la calle Salta, entre Mitre y Entre Ríos, muy cerca del Teatro Odeón. La primera mañana la tuvieron libre y después de desayunar pasearon por el puerto y fueron piropeadas en varios idiomas por los marineros. "¡Que te recontra por las dudas!", contestaba Evita mientras Fina reía. Al mediodía volvieron al Italia. En la recepción estaba reunida la compañía. Pepita Muñoz les comunicó que, después de almorzar, se encontrarían en el Odeón para ensayar "toda la tarde y toda la noche si fuera necesario". Al día siguiente sería el estreno. El tiempo comenzaba a correr y los actores también. En quince días, la compañía trabajó en las funciones matiné, familiar y primera y segunda nocturnas con una decena de obras. *Mamá Clara*, en la que Evita hizo el papel de Carola; *Mis cinco papás*; *Baturros y más baturros*, de Malfatti y de las Llanderas; *Doña María del Buen Ayre*, de Bayón Herrera; *Así las estoy pagando*, en la que actuó de Rosaura, de los autores Inausti y Ballesteros.

A pesar de que Eva trabajó de sol a sol, su nombre no aparecía en ninguna crítica. Todos los días, durante el desayuno, Eva se amargaba al devolverle el diario al encargado del hotel. Después de revisar *La Capital*, se embroncaba tanto que, a veces, no hablaba hasta el mediodía. Fina no sabía qué hacer porque, algunos días, la rabia de Evita era tan fuerte que no quería probar bocado.

En el medio de la estadía se mudaron a una pensión de artistas en Mitre y Ricardone. A Aurora, la dueña, la llamaban La Francesa. La mujer, de costumbres europeas, permitía lo prohibido en los hoteles familiares: el ingreso de los huéspedes con compañías ocasionales y múltiples cambios de habitación durante la noche. O durante el amanecer, porque los actores solían llegar apenas antes de la salida del sol. Eva y Fina dormían en el mismo cuarto, en la misma cama y nunca llevaban hombres. José Franco almorzaba todos los días en el restaurante El National, en una mesa desde la que podía ver claramente la puerta de la pensión. Todos los días se sentaba a esperar el momento en que Evita saliera a la calle. La veía pasar y la estudiaba con pasión de jugador. Eva y Fina iban a tomar café con leche y medialunas o leche con vainillas al bar La Comedia, uno de los pocos que no era exclusivo para hombres.

> "Completaron con acierto Oscar Soldatti, Jacinto Aiccardi, Fina Bustamante y Eva Duarte."

Por fin Eva leyó su nombre en el diario. Fue a fines de mayo a propósito de la sátira *Doña María del Buen Ayre*. No fue Fina la que se lo mostró sino Aiccardi. Le pidió un beso, a cambio de la primicia. Al principio, Eva se negó. Luego, al leer su nombre, de felicidad, lo besó. Él la invitó a festejar. Ella se inquietó y le dijo a su amiga que los acompañara. Brindaron con chocolate y facturas.

La gira iba bien aunque la compañía pagaba sueldos de hambre. Pepita Muñoz decidió preparar la despedida y puso a los actores a ensayar la obra *El beso mortal* de Loïs Le Goudariec, por esos tiempos de éxito en Berlín, en Buenos Aires, en Londres y en París. La cruzada antituberculosa que un año atrás había comenzado el arzobispado de Buenos Aires había sido reemplazada por la prevención de las enfermedades venéreas y los peligros de la vida sexual disipada. Así, la compañía apostó todas sus fichas a *El beso mortal*, auspiciada por la Liga de la Profilaxis Social. Evita sería entonces una enfermera. Muñoz agregó un tiempo extra: los actores debían ensayar esa pieza de diez de la mañana a doce del mediodía. Ya no habría más paseos.

Los dueños de la compañía no pagaron el tiempo de ensayo pero, contentos por el éxito, dieron a los actores un dinero extra. A pesar de que su nombre no aparecía en las críticas, Eva estaba radiante. Al final del estreno, el público aplaudió de pie durante veinte minutos. Para festejar, al otro día, fue con Fina de compras a Gath & Chaves. Tomaron un té en la confitería de la tienda y Eva, por primera vez, pagó la cuenta a un mozo con guantes blancos.

Desde antes de llegar a Rosario, José Franco había tomado una actitud protectora con su gente que asombraba a todos y también a Evita. La actriz, a fin de cuentas, ya se había acostumbrado a ser espiada y a menudo buscaba esa mirada que la seguía desde un costado del escenario. Franco la marcaba sin prisa pero sin pausa, esperando manso la oportunidad de caerle encima. Franco tomó desayunos y se hizo servir incontables almuerzos en El National hasta que llegó el día. El día en que vio a Fina salir del hotel con su cartera colgando del brazo. Miró su reloj, esperó quince minutos y cruzó la calle. No fue difícil pasar el palier y subir a la habitación. Nadie lo detuvo. La categoría del hotel obligaba a dejar pasar a ciertos visitantes sin preguntar. Entonces, en un pasillo largo y poco elegante, buscó la puerta, la golpeó dos veces y quedó parado. Plantado en la espera. Evita tardó en abrir. Intentó hablar pero Franco cruzó el umbral. La miró a los ojos y le dijo: "Me cansé, nena. Si no te acostás conmigo, te vas de la compañía. Este negocio es así. No te pido que lo pienses, te digo que lo hagas o chau. Fuera. Te volvés". La Duarte lo miró fijo. Su asombro, en segundos, se volvió bronca y, desafiante, dijo "Dale". Fueron diez minutos interminables. Eva, ajena, no pronunció palabra. Su cara volteada hacia un costado. Franco se subió los pantalones y antes de poner la mano en el picaporte de la puerta le dijo: "Te veo después".

Fina la encontró sentada en el borde de la cama. Enseguida se dio cuenta de que algo le pasaba. Y Eva no tardó en contarle. "Eva, estás loca. Sabés que su mujer está por llegar en cualquier momento", le dijo, "te estás metiendo en un quilombo, Eva. Yo sé lo que te digo. Mucha envidia hay acá. Se van a dar cuenta todos. Su señora se va a enterar".

Pero no se enteró. Al menos durante esos días y los siguientes. Eva marchó a Córdoba y después a Mendoza. Los dueños de la compañía y los actores principales se alojaron en el Plaza. Los actores secundarios en el Royal. Franco, en los dos. Eva lo aceptó de a poco. Siguieron viéndose a escondidas y los demás, pronto, comenzaron a oler el romance. Lo vieron a él hablarle más. La vieron a ella sonreírle tras bambalinas. Lo vieron a él salir de los hoteles en que ella se hospedaba. La vieron a ella más distante. Franco estaba inyectado de buen humor, de juventud. Eva llevaba adentro una seguridad que hasta le permitía, de vez en cuando, llegar tarde a los ensayos. Ambos, sin querer, comenzaron a hacer circular el rumor que tardó unos pocos días en llegar a Buenos Aires.

"Mi padre me enseñó a hacer teatro y la conducta que hay que tener en él porque el teatro era muy mal visto en esa época. El artista no estaba considerado moralmente bien[21]. Papá, buen mozo y donjuanesco como era, había iniciado un romance con una actriz de la compañía. Alguien que nos apreciaba le habló por teléfono a mi madre y le advirtió lo que pasaba, porque la cosa era más seria que una simple aventura, de lo contrario no la habrían llamado"[22].

La idea de la compañía era volver a Rosario, ciudad en la que había logrado el éxito mayor. Y a Rosario llegaron, unas horas antes de que la esposa de José Franco pusiera un pie en la estación de esa ciudad. La mujer, sin que nadie la esperara, pisó esa ciudad y hecha una furia fue al teatro. Sin golpear la puerta entró al camarín de su marido. De afuera se escucharon golpes y gritos. Al otro día, ya en Buenos Aires, le explicó a su hija:

"Tu padre se enamoró de Eva Duarte. Le dije que la separara de la compañía o no nos veíamos nunca más".

Y Evita se quedó sin trabajo. Sólo que esa vez fue con escándalo y vergüenza.

[21] *Tal Cual*, 25 de mayo de 1985.

[22] Eva Franco: *Cien años de teatro en los ojos de una dama*. Buenos Aires, El Francotirador Ediciones, 1963.

Capítulo V

A fin de cuentas, Eva había ido acostumbrándose a la presencia de José Franco. Sentada en un asiento duro del tren que la llevaba de vuelta a Buenos Aires, pensó que no la había pasado tan mal y comprendió, a la vez, que la relación había terminado para siempre. Estaba, otra vez, firme frente a la nada.

No volvía sola en el tren. Fina Bustamante y el administrador de la compañía, don Emilio Paredes, viajaban con ella. Una supuesta reestructuración los había dejado fuera de la temporada. Las chicas iban haciendo planes. Vivirían juntas. Evita se mudaría a la pensión de Fina y buscarían una tercera compañera para bajar los costos. Fina volvería a la radio, Eva a pedir favores. Paredes les dijo que lo buscaran en cualquier bar de la calle Corrientes, a la noche que lo buscaran, que allá estaría, que tenía muchos amigos, que por ahí tenían suerte y las podría ayudar.

Así, Paredes de por medio, llegó otro hombre a la vida de Eva: Pablo Marcelino Suero. Figurita difícil de la noche porteña, personaje de la bohemia ciudadana, miembro activo de la reserva intelectual de Buenos Aires.

Suero era español. Había nacido en Gijón, en 1898. Se hizo periodista, escritor y autor y cuando conoció a Eva su atención estaba puesta en el teatro. Solía frecuentar bares y confiterías. La Real, El Ateneo y El Telégrafo eran su segundo hogar. Suero vivía con su esposa, pero no le gustaba estar encerrado: en casa no podía planear con tranquilidad la dirección de su próxima obra. Prefería escribir mientras miraba la vereda desde la vidriera de algún café. La obra en la que trabajaba era una versión de *Las inocentes*, de Lilian Hellman, que él mismo se había ocupado de traducir.

Suero, como Evita, comenzó a trabajar en la adolescencia siguiendo el llamado caprichoso de la vocación. A los dieciséis años ya caminaba por la redacción del diario *Crítica*. Más tarde se cambió a *El Nacional*, pasó por *La Mañana*, *Última Hora*, por *La Razón* junto a Alejandro Unsain, los hermanos Mariano, Leónidas y Joaquín de Vedia y al novato Félix Hipólito Laiño, y por *El Telégrafo*. También por las redacciones de revistas. *Mundo Argentino*, *Caras y Caretas* y *Nosotros* lo tuvieron como pluma destacada. Fue corresponsal de diarios de Montevideo y de revistas parisinas. Era tan culto como feo. Le decían "El Sapo" o "El Gordo". Es que Suero no tenía casi cuello y sí un par de ojos inolvidables que se le salían con exageración de las órbitas. Con su discurso, sólido y florido, acostumbraba cautivar a cualquiera que lo escuchara. Había viajado varias veces a Europa. Hablaba tres idiomas. Junto a Ernesto Palacio tradujo *El resplandor en el abismo*, de Henri Barbusse. Volvió a España en 1935, poco antes de la Guerra Civil, para entrevistar a distintas personalidades de la política y de la cultura. Primo de Rivera, Calvo Sotelo, Jacinto Benavente, Juan Ramón Jiménez, Alejandro Casona, Gómez de la Serna, Antonio y Manuel Machado, Pío Baroja...

"La influencia del aedo padre los liberó a todos, y cada uno de ellos encontró en la flauta panida su propio agujero. Todos ellos reconocen lo que a Rubén le deben. Todos —los sobrevivientes— guardan para el hermano mayor el fervor de la admiración y el amor que en vida les mereció aquel niño grande y maravilloso que fue Rubén"[23].

Quizás Evita nunca haya sabido que aquel que se convertiría en su amante había conversado en profundidad con García Lorca meses antes de que lo asesinaran. Que le había hecho una entrevista tan buena que supo dar la vuelta al mundo.

"¿Dónde demonios está el poeta? Esta pregunta fluye de nuestros labios después de recorrer con la mirada la amplia borda del 'Conte Grande', desde el muelle de Montevideo, sin dar con García Lorca. Hemos trepado la escala y vamos y venimos por la cubierta... Lo atrapamos en un rincón inverosímil. Los periodistas uruguayos y los fotógrafos lo cercan en un instante. Uno le pregunta si le gustaría vivir en Marte y el otro de qué color le gustan los sobretodos..."[24].

Ni de nombre conocía Eva a los personajes que llenaban de entusiasmo la boca de Suero. No podía darle forma a una de las anécdotas que más le gustaba contar. La del madrileño Café Varela, el de la calle Preciados, donde los Machado hacían tertulia todos los días con "Ricardo Baroja, hermano de Pío, pintor, escritor y periodista de combate,

[23] Pablo Suero: *España levanta el puño*. Prólogo de Enrique González Tuñón. Buenos Aires, 1936.

[24] Pablo Suero: entrevista a Federico García Lorca, publicada el 14 y 15 de octubre de 1933 en *Noticias Gráficas*.

que lleva gafas negras porque últimamente ha perdido un ojo en un accidente automovilístico"[25].

"El Sapo", un hombre difícil, hosco y agresivo, se declaró amigo del alma de Carlos Gardel. El cantor grabó en 1924 *Se acuerdan muchachos*, un tango que Suero escribió junto a Enrique Delfino. En París trabó amistad con Gerardo Matos Rodríguez, con Edmundo Guibourg. A Enrique Cadícamo lo conocía de antes. Habían sido compañeros, escribientes, en el archivo del Consejo Nacional de Educación. Tenían veintiún años y se sentaban en escritorios contiguos. Suero acababa de publicar su libro *Los cilicios* y una tarde Enrique se animó a mostrarle sus versos. Suero quedó impresionado y lo felicitó. Después vino París y los dos andaban, nocturnos, entre Pigalle y Montmartre.

> "Vivíamos de noche, no por calaveras sino porque la noche parisina tenía mucho atractivo. Se parecía al Buenos Aires de nuestros corazones. Trajes, corbata de seda. Era una elegancia innata la de los muchachos argentinos, hedonistas, que les parecía que un nudo de corbata mal hecho era un error tan grande como una estrategia equivocada de un general en una batalla. Vestíamos con gusto. Más que vestir, sabíamos llevar el smoking y el traje de calle"[26].

Suero había sido secretario de Prensa del gobierno del doctor Manuel A. Fresco en la provincia de Buenos Aires. Estaba muy bien relacionado y con esas relaciones, que llenaban los escritorios de Sadaic, ayudaba a los amigos y a los parientes.

[25] Ibídem.

[26] Andrés Casak: entrevista a Enrique Cadícamo.

Una noche, a través de Paredes, Suero conoció a Evita. "Tengo una buena amiga que es actriz y anda necesitando trabajo", le dijo el administrador y se la presentó. Otra vez tuvo suerte. La obra *Las inocentes* requería de un elenco particular. Muchas chicas, todas jóvenes, debían representar a alumnas alojadas en un internado. Aunque todavía no había corregido su pésima dicción, Eva se ganó la interpretación de Catalina, una estudiante avanzada de latín. No tuvo el papel por su despliegue escénico, Eva no destacaba del montón. Lo que sí sabía era dejar hacer a Suero lo que tanto le gustaba. Lo dejaba tocarle profundo el culo en medio de La Real. Eva intuía que, cediendo al menos un poco, tendría su recompensa.

Suero fue un poco más allá del culo en un amoblado cercano a la confitería. Evita ya lo tenía abrochado y aunque era por demás desagradable, se dio el gusto de entrar del brazo del director de la obra en el primer ensayo. Ella tenía grabadas a fuego las palabras que su amigo, el apuntador, le había dicho en Rosario: "Es sólo un momento. Después se olvida". Y del brazo de Suero, y no desde su cama, Eva empezó a disfrutar de su revancha.

Sus compañeras, que eran muchas y muy jóvenes, chicas de clase media bien vestidas, acompañadas por sus madres, la miraban con odio colgar del brazo del director. Para él, Eva era una pequeña distracción, de piel traslúcida y labios oscuros. Un reservorio de anécdotas infantiles y un soplito de juventud momentáneo.

Los ejercicios sexuales de Suero y la Duarte fueron pocos y cortos en el tiempo. Los ensayos de la obra, más intensos y frecuentes, los espaciaron. El estreno era inminente. El 4 de diciembre, en el Teatro del Pueblo, recibieron el primer aplauso del senador Alfredo Palacios, de Samuel Eichelbaum, de César Tiempo y de la mismísima Eva Franco. La obra fue un éxito. Luego se irían de gira a Montevideo. Para ese momento, Eva había aprendido otras lecciones. Supo diferenciar la seda del algodón, las medias opacas de las brillantes, supo de la importancia del cabello prolijo y del balance de colores que necesitaba un maquillaje a la moda. Se compró un sombrero que tapaba la mitad de su cara y entendió que la mitad que quedaba a la vista debía atrapar la atención de los hombres. Así emperifollada de algodones, flores y tules salió con sus diecisiete años a la conquista.

En *Las inocentes*, Eva hizo nuevas compañeras aunque su amiga seguía siendo Fina Bustamante. El dúo, para abaratar los costos de la pieza, había incorporado a Anita Jordán, otra actriz novata. Esa economía permitía gastos extra, por lo general en medias y en coloretes. Entraba poca plata y el ahorro, como siempre, recaía en la comida. Yerba y pan, yerba y bizcochos.

A fines de 1936 Eva empezó a sentirse peor. El hambre y la debilidad eran sus sensaciones más conocidas. Cuando llegó a Montevideo, los primeros días de enero, la compañía tuvo que llamar a un médico. Por primera vez sintió miedo de no tener fuerzas para hacer la función. El doctor le recomendó reposo, buena alimentación, un complemento vitamínico. No siguió ninguna de las tres indicaciones.

El 14 de enero de 1937 la obra repitió el éxito de Buenos Aires. Los uruguayos llenaron el Teatro 18 de Julio y los camarines de las actrices de flores e invitaciones. Eva aceptó algunas y también aprendió lo maravilloso que podía ser caminar descalza por la playa, con el pelo al viento. Sus admiradores le dieron halagos y regalos. La capelina de flor y tul había surtido efecto. Al menos por los quince días que duró la gira en Montevideo. El tiempo que estaba pautado. Ni un día más.

Volvió a Buenos Aires en barco. A la pensión, a la yerba y a la falta de trabajo. Unos días después de su llegada, Eva se vistió y arregló con cuidado y encaró, sin dudar, para la oficina de Pablo Suero, hasta el momento su amante. Al llegar al Teatro Astral, se encontró una sala de espera llena de gente dispuesta a probarse para la nueva obra que el director estaba por montar. Con modales y con firmeza, Eva se acercó a la secretaria y se anunció. "Dígale por favor al señor Suero que aquí está Evita, Evita Duarte".

La Duarte de diecisiete años nunca alcanzó a registrar cuántas horas estuvo parada en la recepción. La secretaria dejó su escritorio varias veces para avisarle a su jefe de la presencia de la actriz. De pronto, se abrió la puerta y apareció Pablo Suero, transpirado, en mangas de camisa:

—Tomatelás, nena. O te creés que porque me acosté con vos estoy obligado a darte trabajo siempre... Soy un tipo casado... —le dijo a gritos.

—Perdón por la insistencia, yo solamente quería saludar y pedirte un lugar para trabajar...

—Chau, nena. No hay nada. Rajá de acá.

Suero cerró la puerta de un golpe y Eva, con la cara roja de vergüenza, balbuceó unas disculpas y se fue corriendo. Así terminó la relación. Suero murió a los pocos años, en 1943. Eva nunca, jamás, volvió a hablar de él.

Capítulo VI

"Sintonice Geniol, noche y día, tendrá buenos ratos de alegría."

La hacía soñar a Eva la radio. De memoria repetía los avisos ante un pedazo de espejo. Era enero y se juró, otra vez, conseguir trabajo.

> "Cuando regresé a Buenos Aires en aquellos tiempos empezó lo mismo de los tiempos en que no tenía trabajo. La diaria recorrida por teatros para averiguar qué compañía estaba en formación, si alguna actriz enfermaba para suplantar, si había algún papelito para intercalar. Casi siempre decían que no, que no había nada. Pero uno seguía... Las confiterías de la calle Corrientes, llenas por aquellos años de actores, directores, músicos, empresarios, eran especiales para saber qué compañía se estaba formando, o cuál era la obra recién terminada de escribir que esperaba representación... Andaba por la confitería Real que estaba en Corrientes y Talcahuano, donde buscaba caras conocidas, me daba una vuelta por la Nobel y al final llegaba hasta El Plata que quedaba cerca de La Real. Allí me juntaba con amigas. ¿Sabés por qué? Porque allí el café y el té costaban más barato..."[27].

[27] Diálogo de Eva Duarte con Vera Pichel extraído de *Evita íntima*. Buenos Aires, Planeta Bolsillo, 1997.

Se cumplía el primer aniversario de la muerte de Luigi Pirandello. Armando Discépolo quería rendirle un homenaje poniendo una de sus obras en cartel. Así Eva escuchó hablar por primera vez de ese autor y de una de sus obras, *La Nueva Colonia*. El rumor de la inminente puesta le generó ansiedad. Ya estaban seleccionados los actores principales: Rosa Catá y Carlos Perelli.

En uno de sus peregrinajes por Corrientes, sin favores de por medio y debido a la necesidad de veintisiete actores en escena, Eva consiguió un papel. Sería Nela y al principio del segundo acto aparecería sentada a una mesa junto a otras mujeres tomando el té. Su parlamento: cuatro palabras. Su tiempo escénico: quince minutos.

La Nueva Colonia se estrenó el 5 de marzo de 1937 en el Teatro Politeama Argentino, en la esquina de Corrientes y Paraná. Su permanencia en cartel fue corta y para Eva resultó un anticipo de lo que sería 1937: uno de los peores años de su vida. Sin embargo, el 6 de marzo la actriz, junto con sus compañeras Juanita Sujo, Anita Jordán y Jordana Fain, fue mencionada otra vez por Edmundo Guibourg en su comentario del diario *Crítica*. *La Nueva Colonia* estuvo en cartel sábado, domingo (lunes no por el descanso obligatorio), martes y miércoles. Ese último día se vendieron sólo dos entradas. Discépolo decidió bajarla de cartel.

Para Eva ese final no representó tristeza ni angustia. No hubo tiempo. Un compañero de la pensión le sopló que una revista del espectáculo estaba programando un concurso de caras nuevas. Era *Sintonía*, la revista que tantas veces había leído y recortado en Junín. Gracias al primer número, Evita había podido estudiar el rostro de Eva Franco mucho antes de conocerla. Pero la posibilidad de participar en el concurso no fue la única novedad. De pronto, la vida le dio una vuelta que no esperaba y se enamoró. "Amor a primera vista", le dijo a Fina y a Anita cuando llegó a la pensión. "Se lo juro. Fue amor a primera vista, chicas."

Ese día se pintó la cara y se arregló muy lindo el cabello. Debajo del vestido de seda se puso su enagua de color piel importada de Montevideo y en las piernas, las medias Himalaya, "transparentes y sutiles como pompas de jabón". En un sobre color marfil juntó la media docena de fotos que le habían hecho en la calle Esmeralda cuidando de poner adelante una en la que se veía hermosa, recostada en un sillón, meditando, con ojos mirando al cielo. Así, preparada, salió para *Sintonía*.

"Qué suerte que me puse los tacos", fue lo primero que pensó cuando un hombre rubio y de ojos claros, alto y bien formado, le abrió la puerta de la redacción de la revista.

"A un magnate le entregué mi corazón"[28].

Eva venía de un pequeño romance, más bien de un coqueteo, con el sobrino de un empresario teatral que había conocido en Montevideo. Nada serio. Una que otra salida a la playa, algunas fotografías y la certeza de la diferencia social que existía entre ellos. Un chico "bien" que la había querido seducir. Un paquete, bien vestido y con correctísimos modales. "Un maricón completo" decía Eva, "un pendejo". Ella, que venía de ser la damita de José Franco, todo un jefe de compañía, se había topado con ese "finoli" que le criticaba su manera de hablar, su forma de manejarse y de vestirse.

Pero en ese momento, parada en el umbral de la puerta de la redacción, estaba viendo a un hombre rubio, de aspec-

[28] Roberto Goyeneche: *De mi barrio*, 1926. Uno de los tangos preferidos de Eva Duarte.

to increíble, y esa sola imagen, lo sabía, iba a perdurar en su cabeza por muchos meses. Eva estaba mirando a Emilio Karstulovicz, el director de *Sintonía,* un hombre que tenía todos los condimentos para ser atractivo. Tenía poder, una revista, un aspecto formidable, un físico privilegiado por su pasado deportista y el hermetismo de su origen yugoslavo, aunque era chileno de nacimiento. Apenas se presentó, rápida, Eva le dijo: "A usted yo lo conozco. Yo soy de Junín y cuando vivía allá, iba con mi familia a ver carreras de autos. Lo tengo bien grabado a usted. Nunca se me olvidaría su cara". Karstulovicz la miró con sorpresa y se interesó por ella. Charlaron un poco, quedaron en verse y se vieron.

A los pocos días, Eva ya lo pasaba a buscar por la oficina. Ella llegaba y él salía enseguida. Pero esa rutina duró unas pocas semanas. Duró hasta que la actriz comenzó a aparecer cualquier día y a cualquier hora en la recepción de la revista. Al principio, Karstulovicz supuso que se trataba del entusiasmo inicial y hacía pasar a Eva a la redacción. Ella lo esperaba sentada a un costado y en silencio. Y tanto empeño ponía en la espera, que el resto de la gente que trabajaba allí empezó a mirarla con cierta pena. Federico Dupuy de Long, Jorge Lupe Lobos, Mauricio Rubinstein, Gustavo Duval, Rodolfo Taboada y Monti Torres le tomaron simpatía y le dieron alguno que otro consejo para manejarse mejor en el mundito del espectáculo. A Karstulovicz no le costó mucho entender que Eva lo estaba persiguiendo. Por eso a las pocas semanas de haberlo conocido, la chica tenía prohibido pasar más allá de la recepción. Así llegó a esperarlo, sentada en un sillón limándose las uñas, hasta diez horas.

Eva pensaba demasiado en "Kartulo". Así lo llamaba ella y lo llamaban todos. Y le decía a Fina: "Che, me parece que estoy recontra metejoneada".

"Pero tanto va el cántaro a la fuente que por fin se rompe, Eva. Dejate de joder", le contestaba Fina. "Dejate de joder, Eva, porque se te va a piantar, en serio te lo digo."

El director de *Sintonía*, poco a poco, se fue cansando. Cada vez que se encontraban, Evita le contaba todos sus anhelos y le recitaba de memoria las críticas sobre sus trabajos que habían aparecido en los diarios. En especial la última, la de la revista *El Apuntador* de Montevideo:

> "La bella y juvenil actriz Eva Duarte, de escasa participación en la obra, encarna el papel de Catalina con talento y simpatía".

Le hablaba de lo mismo una y otra vez mientras el periodista, sin escuchar demasiado, trataba de encontrarle algo de placer a la compañía de esa chica de diecisiete años.

La Duarte, con instintiva inteligencia, había sabido acomodarse a su papel. Quienes la veían llegar a diario a la revista la empezaron a llamar la amante. Emilio, con el correr de los días, se fue incomodando con su presencia. Comenzó a sentirse asfixiado. Eva le estaba impidiendo, entre otras cosas, salir con mujeres. Pero ella sacó partido. Fue gracias a esa incomodidad que, a principios de junio, él terminó consiguiéndole un papel de último momento en la que sería su primera película: *Segundos afuera*. Karstulovicz le había suplicado a su amigo, el director Israel Chas de Cruz, que entretuviera a la actriz, al menos por un tiempo. "Esta piba no para, che. El domingo me siguió. Me iba con unas chicas a pasar la tarde afuera y me siguió. Parece que se lo tomó en serio. Haceme el favor, Cruz, dale algo." Al chileno le salió redondo. Ella no sólo se mantuvo ocupada sino que desapareció por un tiempo de su vida. Es que, durante la filmación de la película, un nuevo galán acaparó toda su atención: Pedro Vicente Ernesto Quartucci.

Eva Duarte apareció en la comedia producida por Argentina Sono Film al lado de Quartucci, Amanda Varela, Susy Derqui y Pablo Palitos. Su papel duró apenas unos minutos y no tenía parlamento, pero sí un maravilloso primer plano. Los tiempos de trabajo eran arduos. Todo el elenco pasaba muchas horas en el mismo lugar. La escenografía de la película, a cargo de Raúl Soldi, era bella, pero Eva no podía apreciarla. Y entre esos decorados, como siempre con su mirada, empezó a atrapar a Quartucci, ese boxeador que había ganado en las Olimpíadas de París una medalla de bronce.

Quartucci y Eva tuvieron encuentros furtivos mientras se filmaba la historia de Cruz. Besos en el cuello, alguno en la boca, y a poco dejaron de verse. El romance quedaría para más adelante. Ninguno de los dos lo sabía, pero volverían a cruzarse.

Eva Duarte ganó un poco de dinero con su aparición en la película, pero su nombre ni siquiera fue escrito para los títulos. Sólo el ojo de un crítico podía darse cuenta de que la que aparecía en esa comedia, en el centro de la pantalla de cine, era ella.

En el mes que siguió a la filmación, Eva no tuvo trabajo y sabía que Karstulovicz ya no la quería ver. Alentada por su amiga Juanita Quesada, volvió a pararse en la puerta de la radio para encarar a los tipos que entraban y salían. Pero la enagua brillante y las medias Himalaya no le daban resultado. Eva estaba cada vez más flaca y tosía sin parar. Y el tiempo en que no tosía, puteaba. Contra todos. Contra ella.

En agosto, su vida volvería a cambiar. Se conectó con el mundo de la radiofonía. Fue contratada por LR3 Radio Belgrano para intervenir en el conjunto Remembranzas que interpretaba todos los días a las diez de la noche *El oro blanco*, un poema gaucho de Manuel Ferradás Campos que narraba la historia de inmigrantes, plantadores de algodón. Eva era Esther y el programa estaba patrocinado por la revista *Antena*. Y como en esa época los actores podían conseguir sus propios auspiciantes, apareció Juancito con una sorpresa: la empresa Guereño, en la que trabajaba, le daría una publicidad.

El oro blanco tuvo dos meses de emisión. Eva conoció a Julia y Chola Giusti, a Juan Fassi, a Alberto Plaussy, a Mario Faig y a Horacio Priani Añon. En dos meses juntó 360 pesos y algo más: su nombre empezó a circular. En octubre, justo cuando había decidido espaciar un poco sus recorridas nocturnas por Corrientes, fue convocada para integrar un elenco junto con Leonor Rinaldi y Francisco Charmiello. A los dieciocho años, estaba sentando cabeza.

En el programa *No hay suegra como la mía*, una pieza en tres actos de Marcos Bronemberg, figuraba como "Invitada 2ª". Y Guibourg, otra vez generoso, la volvió a mencionar en *Crítica*. La obra fue un éxito y en noviembre llegó a cumplir cincuenta representaciones[29].

En marzo de 1938, el destino la volvió a cruzar con Karstulovicz. *Sintonía* estaba organizando un concurso radiofónico. La ganadora tendría un papel junto a Pierina Dealessi en *La gruta de la fortuna*, escrita por Ricardo Hicken y dirigida por Rafael Firtuoso. Eva se presentó al concurso, le puso el ojo a Firtuoso y se lo levantó. Y además, ganó. Por eso volvió a llamar a Karstulovicz decenas de veces, para pedirle que su foto saliera publicada en *Sintonía*.

En marzo de 1938, Eva perdió a su amante rubio de ojos celestes y se ganó una hermana mayor: Pierina Dealessi.

[29] El 6 de marzo del '38, habiendo cumplido doscientos cincuenta representaciones, bajó del Teatro Liceo para pasar al Teatro Boedo.

"Una vez mi representante me dijo que había una chica que necesitaba trabajar. Me la hice traer. Eva era una cosita transparente. La contratamos por un salario de miseria. Trabajábamos los siete días de la semana y los domingos hacíamos cuatro representaciones seguidas. A la tarde nos encontrábamos en el camarín a tomar algo. Evita tomaba mate pero como era delicada su salud, yo le agregaba un poco de leche. Era tan flaca que no sabía si iba o venía. Por el hambre, la miseria y la negligencia siempre tenía las manos húmedas y frías. Era una triste. Devota de la Virgen de Itatí. Comía muy poco. Creo que nunca comió en su vida"[30].

La función de *La gruta de la fortuna* y Eva en el papel de Lucía terminaban a las tres de la mañana y Pierina la llevaba a dormir a su casa. Al principio, Eva quería dar vueltas por los bares pero Pierina, con amorosa paciencia, la arreaba hasta el departamento que compartía con su madre. Eva a la mañana, muy temprano, se iba para su pensión y dormía hasta el mediodía. Después, se encontraba con su amigo Marcos Zucker, un actor jovencito que había conocido en sus rondas, y se iban a comer afuera, casi siempre fideos y vino de la casa, lo más barato de la carta. A Eva las charlas con Marcos le hacían bien. Le contaba que su corazón estaba ocupado por Rafael Firtuoso y que el de Firtuoso estaba ocupado por la actriz Nelly Ayllón, también integrante de la compañía de Dealessi. La competencia de las dos chicas por el productor se había tornado insoportable y el ambiente dentro del teatro se volvía cada noche más denso. Ellas no se hablaban y el elenco estaba dividido entre los que simpatizaban con una y con la otra.

[30] Jorge Capsitski: "Prehistoria de Eva Perón" en *Todo es Historia*. Buenos Aires, Nº 14, año II, junio de 1968.

> "Era dueña de un fuerte temperamento aunque se la notaba atada, como contenida. Eso sí, era muy observadora. Nunca hablaba de su familia. No hacía confidencias. Si tenía un amorcito, no lo sé, pero aparentemente no tenía nada. A veces, venía a buscarla al teatro su hermano mayor, Juancito, eran muy parecidos, se querían con locura"[31].

Pierina no sabía que Eva tenía "un amorcito". Eva no se atrevía a contarlo y eso, a pesar de sus charlas con Marcos, la hacía sentir sola. Fina Bustamante ya no tenía tanto tiempo para escucharla: había conseguido una audición en Radio Belgrano, *Carioca Films*, que iba todos los días a las doce y media. Anita Jordán, su otra amiga, actuaba en la película *El forastero* con León Zárate. Lo suyo era el cine y en eso pensaba todo el tiempo.

A pesar de su delgadez, la belleza de Eva era interesante. Su figura lánguida y su piel traslúcida llamaban la atención. Le ofrecieron un nuevo trabajo que le caía como anillo al dedo. Ni siquiera debía esforzarse por demostrar sus dotes actorales. Ya lo había dicho Pierina, "como actriz era fría. Un pedazo de hielo". De eso se dieron cuenta los dueños de la empresa Linter. Y la contrataron como maniquí.

[31] Ibídem.

Capítulo VII

"Tenía un busto divino, como de mármol, pero le caía muy llovido por su flacura, una vez me sacó las medias para abultarse un poco, la pobrecita..."[32].

Cuando *La gruta de la fortuna* bajó de cartel, Eva Duarte ya había sido tocada por la suerte. Y por la piedad de Pierina, de Pierina Dealessi, que la cobijó, la aconsejó y hasta le dio de tomar remedios en la boca. Su dedicación no logró, sin embargo, hacer que Evita mejorara como actriz. Ni siquiera un poco. La jovencita había ganado fama, sí. De cumplidora, de tesonera, de aspirante a estrellita. Y, mientras se dejaba cuidar por la primera actriz de la compañía, también había optado por un reaseguro: su paso por la cama del empresario Rafael Firtuoso. Paso fugaz, pero efectivo.

Eva enamoró a Firtuoso y se lo ganó a Nelly Ayllón. Pero lo hizo en silencio. Con la boca bien cerrada. Así aprendió que guardar secretos debía ser uno de sus ejercicios mejor ensayados. La discreción la hizo formar parte del elenco de

[32] Ibídem.

la comedia *Si los viejos levantaran cabezas*, otra vez sobre tablas del Teatro Liceo.

Eva era Rosa, una sirvienta y madre soltera que, en escena, arrullaba a un bebé, cantándole bajito un tango. Se la veía frágil en ese papel, casi tierna. Y a ella, entonces, sólo le importaba que llegara la noche para recitar ese fragmento. El día la encontraba nerviosa, ansiosa, apurada. Como si supiera que la suerte no iba a durar. La obra terminó su temporada y la que fue a reemplazarla se llevó una terrible crítica. A pesar del tremendo esfuerzo de Eva y del elenco, la pieza de Mario Flores, *Una noche en Viena*, fue un fracaso contundente. La siguiente, *El cura de Santa Clara*, también bajó rápido de cartel. Demasiado rápido. Tanto que Eva ni siquiera pudo prever cómo seguir.

> "Los actores ganábamos una miseria. Para subsistir debíamos hacer otras cosas, esforzadamente, ya que no disponíamos de mucho tiempo libre"[33].

Eva no era la única que estaba en la mala. Su amigo y compañero de trabajo, Marcos Zucker, cumplía sus changas sexuales después de las funciones, en la zona de Constitución. Eva Duarte lo hacía en las puertas de las radios o en alguna tanguería. Siempre estaba nerviosa. A la espera. A la caza. Durante semanas, no supo cuándo era martes o jueves o sábado. A veces se acercaba a algún canillita para leer la fecha en la tapa del diario. No sabía, Eva, en qué día vivía. Su medida del tiempo era el grosor del rollito de billetes que guardaba en una bombacha enroscada en el único cajón

[33] Testimonio de Marcos Zucker, extraído de Gerardo Bra: "Eva Duarte actriz", en *Todo es Historia*, Buenos Aires, Nº 231.

de una mesa vieja puesta al costado de su cama. Sus encuentros con Firtuoso sólo le aseguraban mantener la fuente de trabajo en la compañía y recibir el magro sueldo que le correspondía. Nada más.

Para ahorrar, como ya era costumbre, cambió de pensión. Junto a Ada Pampín y Rosita del Río se fue a vivir a otra que encontró, mientras caminaba sin saber qué hacer, por la calle Riobamba. "De a tres, la miseria se nota menos", pensó.

> "Vivía muy malamente. Tuvo que superar muchas dificultades, entre las que venían de parte de ciertos individuos que 'cafisciaban' o trataban de hacerlo con chicas jóvenes, preferentemente solas. Ella era muy jovencita y algunos la codiciaban no para bien. Ella lo intuía y un día me dijo 'Ayudame'. Lo primero que le dije fue 'No te regalés. A vos te va a pasar lo que les pasa a todas las chicas que arrancan...'"[34].

El año 1938 fue clave. Eva aprendió que el amor era cosa seria y que podía intimar con un hombre sin estar enamorada. Aprendió que los hombres podían funcionar como un trampolín, como una puerta. Supo que podía agradar y sentirse recompensada. Aprendió también que era mejor vivir en silencio, cerrar la boca. Que era menos problemático.

Y 1938 fue el último año que encontró a la Eva morochita como vino al mundo. Su cabello renegrido pasó a formar parte del pasado, de sus recuerdos más ocultos. Pronto su cabeza se convirtió en una melena corta y varios tonos más clara. Una exigencia de la Productora Argentina de

[34] Testimonio de Marcos Zucker, extraído de Vera Pichel: *Evita. Testimonios vivos*. Buenos Aires, Corregidor, 1996.

Films, empresa que, después de la onerosa reconversión, no la contrató. El cambio fue aprovechado por Linter Publicidad, que la volvió a tomar para la campaña *Luna de miel de Inés*, en la que Eva aparecía casi rubia, estática y sin mirar a cámara. Aparecía bella. Contenta.

Sus objetivos, como pronto lo haría con su cabello, se irían aclarando más, oxigenando. Nada en María Eva Duarte tenía ya el color del atardecer provinciano. No lo tenía en su piel ni lo había en su alma. Su color de pelo se convertiría muy pronto en la síntesis de los ácidos que ya habían pasado por su cuerpo y por su corazón. Y así, a los dieciocho años, Eva encontró una nueva certeza. A los dieciocho años supo que la vida era una gran apariencia. Una apariencia vulgar.

> "Para triunfar, donde vos llegues tenés que hacerte amigo del que manda más. Después, el triunfo viene solo..."[35].

Por fin, Eva nunca sabía cómo, llegó el trabajo. Entonces, para las figuritas del teatro, la aparición en un diario o una revista era un pasaporte seguro a la convocatoria. La actriz Camila Quiroga la llamó para hacer *Mercado de amor en Argelia*, la obra más exitosa de ese verano. Edmundo Guibourg, una vez más, le tendió su mano:

> "Ella venía casi todas las tardes a tomar el té con nosotros. Era protegida de mi mujer[36] y yo también la protegía como partiquina en el teatro que estaba conduciendo, el de Camila

[35] Eva Duarte a Pablo Raccioppi, tomado de Borroni, Vacca, "La vida de Eva Perón. Tomo I. Testimonios para su historia", Buenos Aires, Galerna, 1970.

[36] Paulina Singerman.

Quiroga. Eva me pidió que le diera un papel hablado y ésa fue la primera vez que lo tuvo"[37].

La obra bajó de cartel en marzo y con ella terminó su relación con Firtuoso. "Nena, vos no naciste para tener hambre", fue lo último que le dijo el empresario.

Eva había podido ahorrar el dinero que le dieron cada noche, al terminar la función. Se ajustó el cinturón, volvió al mate amargo y a las galletas y otra vez la suerte se le dio vuelta con más fuerza que nunca. Parecía que los sacrificios de tantos meses habían cristalizado. A la vida de Eva, el mundo del éter llegó para quedarse. Para siempre. Y Juancito no fue ajeno.

A principios de 1939, el menor de los Duarte estaba empleado en la firma Guereño, de la familia Guereño, dueños del "Jabón Radical. Rey y señor de los jabones". Y Juancito tuvo la idea. Un programa de radio patrocinado por ese producto sería ideal para que su hermana entrara en forma definitiva a alguna radioemisora. Anticipándose a lo que vendría, Juan, hábil, armó una reunión para que los dueños del jabón conocieran a Eva. Ella usó su último ahorrito para comprarse un vestido barato pero al último grito de la moda y para arreglarse el pelo. Así, con patrocinador de por medio, el 1° de mayo de ese año debutó en LS2 Radio Prieto. Todos los días, a las 17:30, la emisora irradiaba *Los jazmines del '80*, del escritor Héctor Pedro Blomberg. Un lujo.

Blomberg tenía cuarenta años y una enorme trayectoria cuando el destino lo llevó a escribir para Eva. Era poeta, novelista, escritor de canciones y un gran estudioso de Juan Manuel de Rosas. La Duarte estaba radiante: era pri-

[37] Edmundo Guibourg: *Al pasar por el tiempo*. Buenos Aires, Fundación Banco de la Provincia de Buenos Aires, 1985.

mera actriz y tenía un libretista de primer nivel. Compartía cartel con un viejo conocido: Pascual Pelliciotta, quien en esa etapa fue solamente su compañero de trabajo, y con su amigo, Marcos Zucker. El galán del momento, Francisco de Paula, se sumó al elenco y se robó el corazón de Eva. Si la radionovela necesitaba promoción, ellos, a través de los rumores, se la dieron. Nunca los vieron juntos, pero en el estudio de Radio Prieto se respiraba la calentura que circulaba entre los dos. Eva no sabía con exactitud cuál era la situación amorosa de De Paula ni la quería saber. Sólo unos arrumacos en los pasillos y algún encuentro fuera del edificio de la radio sirvieron para que la prensa los vinculara sentimentalmente. Sin embargo, a esa altura, Eva ya había descubierto que el horizonte iba más allá de los actores y de las tanguerías. En el verano del '39, gracias a Juancito, se pudo meter de lleno en el mundo de los negocios y en la cama de Raimundo López, el administrador de la firma Guereño. Una visita corta que le aseguró la publicidad en el programa.

Después de una tapa en mayo, *Sintonía*, la revista de su ex amante, le dedicó dos páginas que tituló: "El credo amoroso de una adolescente". Eva ya lucía una importante aguamarina en su anular derecho y vivía una relación más o menos estable que no quería mencionar. Le decía a la periodista Dora Luque Legrand:

> "Sólo una vez el amor se pone al alcance de nuestras manos y nuestro corazón. Todo lo demás... es simplemente cariño, afecto, necesidad de amar...".

Y en el reportaje, que le exigía algunas definiciones, la Duarte se pintaba a sí misma intentando describir a su hombre ideal:

"Es aquel que no sea celoso ni nervioso. Son éstos los dos defectos más serios e intolerables. Mi hombre ideal debe ser cariñoso, muy cariñoso naturalmente... El hombre perfecto debería ser una combinación de amante y esposo"[38].

El responsable de la aguamarina que lucía Eva en su mano era Roberto Llauró, un empresario de artículos del hogar. Se habían conocido a través de los Guereño y, por supuesto, gracias a Juan. Llauró quedó impactado con Eva y ella con él. Con la excusa de convertirse en patrocinador del programa, se veían con frecuencia. Eva estaba encantada. Su novio la invitaba a cenar a lugares caros y no la ocultaba. La llevaba a su departamento en auto y horas más tarde la dejaba, también en su auto, en la puerta de la pensión de la calle Riobamba. Mientras tanto, Héctor Pedro Blomberg mantenía la esperanza de conquistarla algún día y le dejaba en la radio ramos de rosas rojas con su firma escrita en delicadas tarjetas de opalina, siempre de formas diferentes. A veces la citaba en la confitería Los Dos Chinos, donde tenía su peña propia. Eva llegaba apurada hasta la esquina de Chacabuco y Alsina y él la esperaba con un ramo nuevo. Charlaban de la radionovela pero ella ponía cualquier excusa para irse de ahí lo más rápido que podía; sentía que Blomberg estaba cautivado pero no quería distraerse de su relación con Llauró, que parecía seria. Por eso se ocupó de mantenerla en tan estricto secreto que algunas revistas del corazón todavía la siguieron vinculando a Emilio Karstulovicz.

El 26 de julio, el éxito de *Los jazmines del '80* dio paso a otro drama histórico: *La rosa de Caseros*, también de

[38] *Sintonía*, 10 de octubre de 1938.

Blomberg. Todos los días, de cinco y media de la tarde a seis, Eva se transformaba en Adriana, "un bello ejemplo del temple de una mujer que mantiene su amor más allá de las ideologías políticas, del tiempo y de la oposición paterna. Esto en la novela. En su vida real, también la nombrada actriz es interesante".[39]

El éxito de las dos radionovelas le dieron el título de "actriz del momento". Había cumplido un sueño y era cabeza de compañía. Había conseguido patrocinadores y hasta tenía una pareja más o menos estable. Estaba feliz pero ya, a esa altura, intuía que su vida giraba como en círculos inamovibles y que la buena racha se acabaría. Cuando terminó *La rosa de Caseros* comenzó *La estrella del pirata* pero al público, impredecible, no le gustó. Los avisadores quitaron sus auspicios. Eva, en su recién estrenado papel de productora, se hizo cargo de los gastos y decidió que la obra llegara a su final. Endeudada y sin trabajo, terminó el año contenta porque se reencontraría con su familia. El 20 de enero, su hermana Blanca se casaba con Justo Álvarez Rodríguez y por ese motivo viajaría a Junín. Vería a su madre y eso la llenaba de ilusión. Pero antes del viaje apareció una sorpresa: llegó un contrato, que no esperaba, para actuar en la película *La carga de los valientes*.

Ese verano, mientras continuaba su romance con Llauró, Eva posó en traje de baño para la tapa de *Guión* y volvió a hablar de su "novio" aunque mantuvo en secreto su nombre. Sólo después de la separación se supo que se trataba de un prestigioso industrial.

[39] *Guión*, 6 de agosto de 1939.

"Fue en oportunidad de la transmisión de unos episodios de Héctor Blomberg donde conocí a mi novio pero mayormente no creo que pueda interesarles"[40].

Hasta llegó a anunciar que se casaría a fin de año y que se retiraría por un tiempo "del cine y de la radiofonía para dedicarme al hogar"[41].

Las primeras escenas de su segunda película comenzaron a filmarse en la estancia de Olegario Ferrando, el dueño de Pampa Films. El empresario, por esos días calurosos de marzo, ya había cruzado intensas miradas con Evita. Después del cine llegó más trabajo.

"Un buen día, cuando más alejada me encontraba de todo esto, me ofrecieron un lugar en la compañía y casi sin pensarlo, acepté. Pero no crea usted que desbarata mis planes. Para fin de año me caso y hasta entonces seguiré trabajando"[42].

En teatro tuvo papeles en las obras *Corazón de manteca*, de Ricardo Hicken y *La plata hay que repartirla*, de Ricardo Botta. Tuvo apariciones en las revistas de la época y hasta fin de año vivió una vida más o menos tranquila. Volvió a ser convocada para otra película, *El más infeliz del pueblo*, junto a Luis Sandrini, dirigidos por Luis Bayón Herrera. Pero Eva, a esa altura del año, ya no tenía compromiso. Su novio creyó que ella, con su trabajo de actriz, no era la mujer ideal para casarse y se lo hizo saber. Eva y el industrial rompieron su noviazgo. Él la dejó con la ilusión de una boda y de un hogar.

40 *Guión*, 19 de agosto de 1940.

41 *Guión*, 19 de agosto de 1940.

42 *Guión*, 7 de agosto de 1940.

Pero el desengaño duró poco. La atención de Eva comenzó a ocuparse con Olegario Ferrando, el dueño de Pampa Films[43].

[43] Las versiones acerca de la vida de Eva Duarte en el año 1940 son diversas. Si bien es posible, a través de los diarios y revistas de la época, seguir textual y fotográficamente los pasos de la actriz, existe una duplicación a partir de la aparición de Nilda Quartucci, quien dice ser hija de Pedro Quartucci y de Eva Duarte y haber nacido el 26 de octubre de ese año. Los testimonios recogidos permiten, de alguna forma, reconstruir la historia, aunque se contradicen con el material periodístico de la época.

A principios de 1940, otro hombre reapareció en la vida de Eva. Pedrito Quartucci se cruzó con ella por casualidad y, sin pausa, volvieron los mutuos besos en el cuello, las caricias en las caras.

Pedro era un hombre especial. Un intocable, primer actor, una figura importante y oscura, y esas cualidades alimentaban la curiosidad de Eva. Y además, por esos días, los casi once años de convivencia del actor con la bailarina Felisa Rosario Bonorino estaban muy lejos de la felicidad. "Pedro era un pícaro y Felisa un soldado. Él ganaba fortunas pero le daba 5 pesos por día para los gastos... Vivían modestamente"[a].

Y Quartucci no anduvo con vueltas. Apenas volvió a ver a Eva, le propuso instalarla en un departamento. Él viviría, como siempre, con Felisa y en los momentos libres estarían juntos. Eva aceptó entusiasmada. Enseguida apareció uno chiquito, el primero de una interminable y vieja casa chorizo. Uno con ventana a la calle. Eva volvió a sonreír. Se despidió presurosa de sus compañeros de pensión y se volvió ama de casa. Prolija era la vida que llevaban los actores. Común. Sin lujos. Mucho trabajo. Ella pasaba días enteros sin más compañía que la radio. Él, por la casa chorizo, pasaba cuando podía. Todas las mañanas, Eva se ponía un delantal para barrer y luego baldear la vereda. A media mañana, se lo quitaba para salir con la bolsa de las compras colgada del antebrazo. Regresaba con la bolsa llena para quedarse en la casa hasta el otro día, a la hora de baldear, cuando volvía a salir a la vereda.

Además de sus dotes actorales, Pedro Vicente Quartucci era conocido en el ambiente del espectáculo y del deporte por las enormes dimensiones de su masculinidad. Algunas actrices de la época supieron disfrutar de su compañía sexual y otras, en verdad, lo padecieron.

> "Nene, mirá si no me voy a aguantar repetir una toma... Si me aguanté la pija de Quartucci en el culo, puedo soportar lo que sea..."[b]

Durante la vida en común, Eva seguía con su trabajo en la radio y estaba mucho más tranquila. No tener que pagar todos los meses la pensión le permitía lujos tales como mandar más dinero a Junín y ahorrar lo que le quedaba.

Con el correr de los meses, la convivencia a medias y un embarazo disimulado con mucho esfuerzo, Pedrito y Eva habrían sido padres de una niña.

> "Perdonemé pero no puedo más vivir. Le voy a decir toda la verdad. Estamos en un volcán. Todos corremos peligro."[c]

Nilda, o *Nilde*, como acostumbraba llamarla el médico personal e íntimo amigo de su papá, el doctor Florencio Escardó, habría nacido el 26 de octubre de 1940. Eva habría acudido a una salita clandestina en el cruce de Acoyte y Machado, y se habría puesto en las manos ágiles de Emilia Conte, una partera con vocación de silencio. Sólo el día en que habría parido Eva escuchó su voz al oído: "Vos estás bien pero el bebé nació muerto. Nada podemos hacer". La niña pasó, sin escalas, a los brazos de Felisa Bonorino[d], la mujer visible de Quartucci.

> "Pedro le dijo a su mujer que habían abandonado a una chica en Ramos Mejía. Felisa le dijo 'traemelá'"[e].

A pocos días del 26 de octubre de 1940, Quartucci apareció en las revistas del corazón con su pequeña hija en los brazos. Gritando felicidad. Con el sueño cumplido. Quartucci le explicó a Eva que esa niña no era su hija sino hija de Felisa, y Eva decidió callar. Durante el mes de su supuesto parto, días antes y días después, ella también apareció fotografiada luciendo impecable silueta. Nada que una apretada faja de Tienda La Reina no pudiera disimular[f].

[a] Testimonio de Claudio Isaur Panzeri, ex marido de Nilda Quartucci.

[b] Dicho por una actriz de la época al director de una telenovela emitida hace una década, durante la grabación de un capítulo.

[c] Confesión de Pedro Quartucci a su yerno Claudio Panzeri, en una casaquinta del Gran Buenos Aires.

[d] Panzeri asegura que el juez Garzón Funes era otro de los amigos de Quartucci que sabía la verdad sobre el nacimiento de Nilda.

[e] Un examen de comparación de ADN entre Felisa Bonorino y Nilda Quartucci demostró que no existió filiación entre ambas. Al final de su vida Felisa fue ingresada a la Casa del Teatro.

[f] En marzo de 1999, Nilda Quartucci presentó una demanda de filiación ante el Juzgado 38 de la jueza Mirta Ilundain, acreditando haberse enterado a los veintiocho años que Eva Duarte era su verdadera madre y solicitando un estudio de ADN para confirmar el vínculo y reclamar sus derechos como heredera. La causa aún sigue abierta. La familia Duarte se niega a exponer el cadáver de Eva Perón a la toma de la muestra.

Capítulo VIII

El presente. El presente era, para Eva Duarte, como una gorra de goma, fija y apretada, todo el tiempo en su cabeza. El presente estaba lleno de sueños, de ideales, puestos apenas en pensamiento. Alguna charla con Juancito, con una amiga o algún amante disipaba la ansiedad del ahora y transformaba, en palabras, el presente en futuro. Eva Duarte caminaba por la calle, por la pieza. Caminaba de un lado al otro sin dejar de pensar. Había aprendido que el destino cambiaba todo a su antojo. Mientras tanto, se mareaba, de pasos y de palabras, intentando ocupar su tiempo, su hambre y su soledad.

> "He aprendido en el dolor de cada día, conozco la crudeza de esperar (...) la angustia de ver pospuesta una aspiración..."[44].

Eva debía sobrevivirse, sobrevivir al orgullo que le impedía regresar a Junín, a la promesa de no buscar, nunca, otra forma de vida que no fuera la de actriz.

[44] Eva Duarte, 12 de junio de 1947.

El presente era, para la Duarte, un vértigo constante y un permanente dolor. En pocos meses, su lugar como cabeza de compañía en Radio Prieto había quedado atrás. Nadie la buscaba para trabajar. Y ella, que había sido un poco famosa, sentía que se hundía en la desmemoria del presente. Nunca se cuestionó si era buena o mala actriz. Lo hacía y punto. Disfrutaba, sí, de las miradas, de los aplausos, de las flores que llegaban a su camarín. De las comidas con los compañeros disfrutaba. De los cafés en La Helvética con Héctor Blomberg. Y reía después de cada función. Sentía el cuerpo grande y el pecho lleno cuando la aplaudían, aunque sabía que todo duraba poco. Por eso se peleaba con su presente cargado de dudas, de caminatas, de amargura.

Eva seguía sin dinero y buscándose la vida en los pasillos de las radios. "¿Es que nadie se acuerda de mí?". Y empezaba de nuevo, aplicada y rigurosa empezaba de nuevo. No era la misma, claro, se vestía mejor porque estar a la moda le parecía una inversión. La ropa, además, le gustaba tanto. Y el perfume...

> "La más 'mosquita muerta' de nosotras, con un perfume fuerte, de los que podríamos llamar 'sofisticados', queda de inmediato convertida en una atormentadora vampiresa"[45].

Había conocido mucha gente, aunque la categoría de amigos la reservaba para unos pocos. Más que gente eran caras y voces lo que Evita había conocido, y cuerpos, cuerpos de hombre. Después de su fallida boda con Juan Llauró estaba lastimada y nada quería saber de amor. Había apren-

[45] "El encanto del perfume en la mujer", reportaje a Evita Duarte en *Sintonía*, 1942.

dido, en cambio, a distinguir a golpe de vista la botella de Perrier-Jouët de la Monitor, y así se hacía una idea de cuánto dinero podía llevar su festejante en la billetera. Le gustaba salir con hombres poderosos. Le daba sabor a su revancha de provinciana. Pertenecía, aunque más no fuera por una noche, a ese grupo selecto que durante años había visto desde lejos.

Ese año tuvo amoríos con Guillermo Vassena, un empresario del papel, "un papelero, un imprentero con apellido, che", contaba a sus amigas. Vassena la invitaba los fines de semana a Mar del Plata. Iban en auto, despacio y riendo como locos. Eva llevaba en su bolsito algún vestido lindo para la noche y otro para la tarde. Se registraban en hoteles de medio pelo, cercanos a la estación, para pasar inadvertidos. Sólo salían juntos después de la caída del sol. Eva ya había visto la playa en el Uruguay, pero el mar le daba curiosidad, y por la mañana se escapaba y llegaba hasta la orilla, apenas para ver. A la noche, iban al casino. Guillermo a jugar y Eva a mirar. Los dos, a tomar champán.

Vassena contaba, cada lunes, sus aventuras a los peones de su fábrica, la de la calle Sarandí al 1100. Ellos hacían una ronda de dos vueltas, en el patio, y mientras el patrón hablaba de su conquista, se iban pasando el mate. Todos escuchaban atentos, con los ojos grandes, porque conocían a Eva de escucharla en la radio. "Le encanta el champán a la Duarte. Pero más le gusta la ruleta. A veces, la dejo poner una ficha y se vuelve loca la mina", decía. Amor de un día, de uno y de otro. Después de un tiempo de mar y timba, Guillermo y Evita no se vieron más.

A Olegario Ferrando lo conoció durante la filmación de la película *La carga de los valientes*. El lugar elegido para parodiar la defensa de Carmen de Patagones en 1827 fue la estancia La Quinua, propiedad del empresario, también dueño y director de la productora Pampa Films. Cuarenta días y cuarenta noches duró el trabajo allá y otros tantos en los estudios ubicados en Martínez. Y fue en la estancia, allá lejos, donde Olegario Ferrando y Eva Duarte se miraron, se gustaron por primera vez. La atracción que sintieron fue mutua pero quedó ahogada, enseguida, por sus compromisos. Cada uno siguió adelante, en su mundo privado, aunque el destino los volvió a cruzar. Lo hizo una vez, el 12 de junio, en el cine Monumental, durante el estreno de la película. La otra, meses más tarde, fue en la presentación de *Amor*, otro film de Ferrando.

Pasaron unos pocos días hasta que la Duarte y Ferrando compartieron su primera cena en el restaurante El Tropezón. Eva sintió alivio por dejar atrás, "aunque nunca se sabe", su fonda preferida, El Puchero Misterioso, de casi un peso el plato.

En ese tiempo, ella aparecía en otra película, la tercera en su carrera, y estaba furiosa por las críticas que se habían publicado en los diarios. Aunque en general todas eran favorables, María Aurelia Martínez, o Silvia Legrand, se llevaba el grueso de los elogios. Ferrando, un experto en pequeñas estrellas, la consolaba. "Es casi una nena, Evita, tranquilizate que tu experiencia vale más", le decía. Y ella, que lo enamoraba hasta la locura, tenía todo el tiempo muy presente que la relación que mantenían no iba a prosperar. Lo sabía. Era un pálpito que le aparecía de repente y que le apretaba el pecho con la intensidad de un dolor. A veces, en medio de la noche, cuando le tocaba compartirla, se levantaba de la cama, se sentaba en un banco de madera apoyando la espalda en la pared, y miraba dormir a Olegario. Desnuda y despeinada, encendía un cigarrillo y pensaba, estaba segura, que la relación, esa relación, no iba a prosperar. Pitaba largo y profundo y con cada poco de humo que largaba por la boca se iba convenciendo: "¿Y por qué no?". Después de apagar lo que quedaba del cigarrillo se metía despacio en la cama con el único deseo de dormir para dejar de pensar. "Si yo me equivoco en todo, ¿no me puedo equivocar en ésta?", se decía y buscaba calor entre las sábanas hasta quedarse dormida.

Entre Olegario y Eva había grandes diferencias que intentaban acortar con abrazos y largas caminatas en silencio. Ella era tormentosa pero se dejaba estar en esos silencios a los que él la invitaba. Olegario, a sus ojos, era un hombre monumental, lleno de aciertos, de éxito, de prestigio. A su lado, ella se sentía una cosita, una cosita transparente, como le decía la Dealessi. Lo veía tan poderoso a Olegario y aunque ya lo intuía, todavía no podía saber el significado del poder. Eva se jugaba con sus amantes de igual a igual. No sabía, era joven, que su poder, el suyo, el propio, el único, sólo llegaría cuando aprendiera a subordinarse. Por eso, las discusiones que mantenía con Ferrando, todas, siempre, acerca del trabajo, eran pequeñas batallas que, de a una, iba perdiendo. Y se sentía mal cuando perdía. Se sentía una mierda. "Vos tenés experiencia, Eva." Una mierda. Se quedaba enojada días enteros. Y después llegaban los llamados, los abrazos, las caminatas en silencio y volvía a apostar. Ella, que había estado por casarse, que había tenido una casa entera para comandar, podía ver ahora, al lado de Olegario, que su futuro, el suyo, el propio, el único, no estaba ahí. Que tenía que seguir buscando, más lejos. Mucho más lejos. Que tenía que buscar en aquel lugar al que su mirada todavía no llegaba. Que tenía, que creía tener, toda la vida por delante para lograrlo.

"Ella significó, para él, el paraíso, que no en vano se llama Eva, y logró influir de manera decisiva en el espíritu romántico de Olegario Ferrando. ¿Existió ese romance? La respuesta es francamente afirmativa: hubo romance y hubo madrigal. Culminó como todos los romances culminan y después se inició la curva descendente. ¿La trazó ella? ¿La determinó él...? Esto es lo que no sabemos. Lo exacto, según la versión popularizada, es que el romance se ha extinguido"[46].

Por primera vez en la historia de su corta vida, Eva se sentía deprimida. No tenía más ganas de pelear ni por un papel, ni por una pieza mejor, ni siquiera tenía fuerza para discutir un precio con el almacenero. Sólo sentía deseos de tirarse en la cama a mirar el techo. Y, en el mejor de los casos, dormir. Apenas tenía fuerzas para continuar con su trabajo en la radio: interpretaba la obra *Los amores de Schubert* de Alejandro Casona que salía por Radio Prieto. Por esos días, recibió una nueva oferta de trabajo pero dudaba en aceptarlo y esa duda se fue convirtiendo en obsesión. Le propusieron un papel en la película *Una novia en apuros*[47]. De aceptar, por primera vez en su carrera podría trabajar bajo las órdenes de un director extranjero, el norteamericano John Reinhardt, recién llegado de Hollywood. Eso la llenaba de curiosidad. No podía rechazarlo, no podía darse ese lujo.

La duda apareció cuando, primero por rumores y después por boca de los productores, supo que durante la filmación de la película volvería a encontrarse con Pedro Quartucci. Después de casi siete meses de silencio absoluto, volvería a verlo: cara a cara.

Eva se preguntaba qué pasaría entonces. De un tiempo a esa parte, Pedro salía en las revistas del corazón hablan-

[46] *Antena*, 12 de junio de 1941.

[47] Los diálogos de la película fueron escritos por Conrado Nalé Roxlo.

do de su familia, posando con su pequeña hija Nilda. Eva se preguntaba por qué no pudo ser ella la compañera del feliz Quartucci. No tenía idea de cómo ni de qué le había arrebatado esa posibilidad. Sólo tenía la certeza de que en el cuerpo y en el alma le quedaban los vestigios amargos del paso del actor por su vida. Olegario, en cambio, le había dado jerarquía a su papel de amante. La suficiente como para que las revistas del corazón dieran cuenta de su romance. Sin embargo, ese lugar no le alcanzó. Una parálisis le recorría el alma porque sabía que volvería a ver a Quartucci.

Se lo había propuesto. Haría esa película y luego se tomaría un descanso, un breve retiro era lo que necesitaba. Renovar el aire. Tenía ahorros y podía sostenerse un tiempo. Después de los más de dos meses de trabajo que le exigía la filmación, se iría a La Plata, a la casa de su amiga Lucía Barause.

"Eva, no te calentés que no te va a dar ni la hora", le dijeron sus amigos. "Es un mezquino, un mafioso, un tipo muy raro. Sólo le importa su nombre. Vos tranquila, nena. Hacé tu trabajo y picatelá de ahí a toda velocidad." Y así pasó. Quartucci no miró, ni una vez, a Eva a la cara.

> "La filmación de esa película duró setenta días durante los cuales nadie tuvo en cuenta a Eva, porque ella era una muchacha más bien tímida, callada y sumisa. No se metía con nadie y tampoco alternaba con el grupo de actores y actrices de cartel"[48].

Con el impulso de huir por un tiempo de todo, Eva aceptó el contrato, se sometió a las duras jornadas de filma-

[48] Pedro Quartucci citado por Borroni-Vacca. *La vida de Eva Perón. Tomo I. Testimonio para su historia.* Buenos Aires, Galerna, 1970.

ción y también a la indiferencia de Quartucci. Cumplió con su trabajo, como con todo lo que se le metía en la cabeza.

"—¿Sabe que a Evita Duarte se le ha visto llorar desconsoladamente?

—¿Y qué es lo que puede afligirle? ¿Puede pedir algo más que encabezar una compañía?

—No; sus lágrimas, según se dice, son porque el amor no le corresponde...

—¡Pobrecita!... Quién iba a decirle a Evita que pudiera existir un hombre capaz de no amarla... En realidad, tiene motivos para llorar"[49].

Y Eva, entonces, había ya comenzado a practicar el arte de lo posible. A pesar de su ruptura con Juan Llauró, el patrocinador de sus antiguos programas, y de su coqueteo con los fabricantes de jabón, la firma Guereño seguía auspiciando sus apariciones radiales. Sus relaciones con los empresarios llegaron a tal punto que pudo, a través de ellos, conseguirle un trabajo a su hermano en la Caja Nacional de Ahorro Postal. Juancito, apenas un pichón de lo que sería años más tarde, cometió, en la Caja, su primer desfalco. El único varón de la familia Duarte, lisa y llanamente, robó. Y Eva, su hermana menor, salió a respaldarlo. Vendió mucha de su ropa, dejó de pagar sus deudas, pidió plata prestada y volvió a mudarse a una pieza barata. Quiso tapar el delito y quiso también evitar que lo ocurrido llegara a oídos de sus auspiciantes. "Sos un flor de boludo, Juan. Mirá lo que hacés. ¿No estamos para ayudarnos nosotros? ¿En qué mierda pensás últimamente, che?"

Por esos días, Eva estaba a punto de firmar el contrato más importante de su vida. Uno por cinco años con la em-

[49] *Antena*, 22 de enero de 1942.

presa Guereño para encabezar una compañía radioteatral que aparecería en Radio Argentina. Uno que le permitiría, por fin, descansar del hambre.

> "Yo no sabía por dónde comenzar pues la muchacha era una pésima actriz; sin embargo tenía cualidades, puesto que era muy dócil, muy bien educada, tenía un trato agradable y era seria. Siempre llegaba una hora antes de comenzar los ensayos y se marchaba inmediatamente después de concluida la emisión. Nunca hablaba con nadie"[50].

El contrato en la Compañía Juvenil de Candilejas, en el que era dirigida por el libretista Martinelli Massa, devolvía a la Duarte a su lugar de cabeza de compañía. Su compañero era Pablo Raccioppi. El actor estaba casado pero Eva se sintió inevitablemente atraída por él. Interpretaron juntos las obras *Una promesa de amor*, *Mi amor nace en ti* y *El rostro del lobo*, entre otras.

> "El romance, que comenzó en la ficción interpretativa, enredó a Evita Duarte y a Pablo Raccioppi en la fina red de un amor..."[51].

Todos los días, antes de entrar a la radio, se encontraban en una confitería y, café con leche de por medio, leían los textos. Los últimos cinco minutos los reservaban religiosamente para pasarse los chimentos del ambiente. Sus charlas se fueron volviendo cada vez más íntimas, más amistosas. Pablo, con naturalidad y confianza, se animó a

[50] De César Marino, director de Producción de Radio Argentina, en John Barnes: *Eva Perón*. Buenos Aires, Ultramar Editores, 1987.

[51] *Antena*, 2 de julio de 1942.

hablar de su vida, de su casa y de su familia, y para Eva fue demasiado. No lo aguantó. La historia personal de Raccioppi se mezcló, de pronto, con su propia frustración. El actor empezó a notar que, cuando mencionaba a su mujer o a sus hijos, Eva transformaba su sonrisa en gesto adusto. Aparecía un rictus de bronca en su mandíbula y apretaba los dientes mientras se refregaba las manos. Al mismo tiempo, Eva se dio cuenta de que a Pablo no podía seducirlo como a otros porque conocía muy bien su presente. Lo intentó, pero no pudo. Y entonces, le jugó de amiga. "Conmigo, todos quieren lo mismo", le confesaba indignada.

Al cabo de unos meses, Eva tomó una decisión. Estar pendiente de Pablo era un error. Dejaría todo y se tomaría un tiempo. No se sentía bien. Estaba demasiado flaca y ojerosa. Le temblaban las manos de los nervios. Un médico le dijo que necesitaba descansar. Lo haría, pero no en Junín. Así, Eva preparó su partida para desaparecer por un tiempo de todos lados.

Capítulo IX

Tan joven y tan cansada de ponerle el cuerpo al amor y al trabajo, Eva Duarte partió temprano, una mañana, en tren, con destino a La Plata. Venía intuyendo que había llegado a tocar el fondo de su propio pozo. Que no tenía más ganas de probar suerte.

Se enteró de que en La Plata había una oportunidad y fue a buscarla. Fue por una puerta nueva que la llevaría a un lugar, otro, desconocido. En Buenos Aires, el aire estaba raro. La gente andaba nerviosa. Algo se estaba gestando.

Dos valijas cargó Eva en el tren una mañana. Más grandes y más llenas que la que tenía cuando llegó a Buenos Aires. Dos valijas de cuerina, no de cartón. Tan mal no le había ido. Llevaba un rollito de dinero en un doblez cosido en el interior de su bombacha. Le alcanzaría para vivir un tiempo sin trabajar. Pero no mucho. Había gastado bastante. Debió pagar, de su propio monedero, un par de días de internación en el sanatorio Otamendi Miroli. Hasta allí había llegado sola, mareada hasta el sinsentido. Anemia fue el primer diagnóstico. Y debilidad. Nada que un poco de suero, una decena de inyecciones de hierro y una buena dieta no pudieran reparar. "Tenías razón, Pierina. Tenías razón en todo", se decía Eva, parada en un andén de la estación de Constitución.

René Orsi fue quien la atendió. "Descanso, aire puro, buena alimentación" fueron sus recomendaciones después de revisarla. "Nada de mala sangre", le dijo. Y cuando ella le contó que se iría a La Plata, el médico se alegró: "Hay otro ritmo allá, eso te va a hacer bien". Iría, le dijo Eva, a la casa de su amiga, Lucía Barause. "¡Bah! A una pensión, en realidad. Es que ella tiene unos conocidos que pueden conseguirnos un trabajo. Veremos qué pasa."

En un par de horas, las chicas dejaban sus valijas a cuatro cuadras de la estación, en el piso de madera del cuarto de una casa de familia en la calle 5. Habían llegado al pleno centro de La Plata. Y se habían instalado sin ansiedad. La pieza era cómoda, tenía dos camas de hierro, la puerta daba a un pasillo, el pasillo a un patio con jardín y algunos pocos árboles. El baño quedaba en el otro lado del pasillo. Nada nuevo. Eva estaba acostumbrada a pasar lista a sus cosas antes de ducharse.

En el jardín, mirando el verde, se dejaba llevar. Se sentaba sola en una silla de mimbre y quedaba las tardes mirando el cielo. Todavía hacía calorcito en La Plata. Se sentía segura, lejos de Buenos Aires.

"Hay momentos en que sólo la fe evita la desesperación"[52].

Y los días se sucedían así, sin novedad, sin sobresaltos, sin amores. Eva paseaba por el centro, pasaba por la Casa de Gobierno, rezaba, arrodillada en los bancos de madera de la iglesia de San Ponciano. Le rezaba a San Judas Tadeo, el santo de los imposibles. Le rezaba por las dudas. En el patio y en la iglesia, se acordaba de Quartucci. De su sonrisa hipócrita, de su hija. De lo malo de los últimos tiempos.

[52] Eva Duarte a *Antena*, 18 de noviembre de 1943.

Lucía llegó con una noticia. Ella conocía a un tipo que conocía a otro y así una cadena al final de la que, con suerte, podrían conseguir un trabajo en La Plata. Ricardo Gola, el hermano de José, el galán de Dorita Norvi en *Mañana es domingo*, tenía buena relación con Pablo Suero, quien se desempeñaba como jefe de prensa de la gobernación. "Otra vez el gordo Suero", pensó Eva. "De él no esperes nada bueno", le dijo a Lucía. Y no se equivocó. Pasaron los meses y no llegó ningún llamado. Las chicas fueron hasta la gobernación pero Suero jamás las recibió. Los ahorros se fueron acabando y decidieron cambiar de pieza. Buscaron otra, en un barrio un poco más alejado y barato. Se instalaron en 51 entre 17 y 18, justo a espaldas de la Catedral. Eva dejó San Ponciano para rezar allá.

El 4 de junio, no muy lejos de La Plata, en Campo de Mayo, estalló una nueva revolución. Una vez derrocado Ramón Castillo, asumió el poder Pedro Pablo Ramírez y se instaló, junto a su tropa, en la Casa Rosada. Eva Duarte y Lucía Barause lo leyeron en los diarios. Y juntas, en la radio de la pensión, escucharon sin imaginar lo que vendría: "Desde las últimas horas de ayer desempeña la jefatura de la Secretaría del Ministerio de Guerra el coronel Juan Perón, en reemplazo del coronel Armando Raggio". Se enteraron también de que el gobierno intervendría todas las emisoras. Las nuevas medidas en el área de la radiodifusión habían caído en manos del coronel Aníbal Francisco Imbert, desde el 14 de junio flamante director general de Correos y Telégrafos. Los días siguientes, las circulares emitidas por la Secretaría de Telecomunicaciones se convirtieron en lectura obligada para los trabajadores radiales. El Estado se había propuesto regular todo: la publicidad, la duración y los contenidos de los programas, la información de los noticieros, las contrataciones, la pureza del lenguaje, la emisión de música folklórica por sobre otros géneros, en especial sobre los "tangos negativos". Los radioteatros fueron mirados con lupa por la Secretaría. Según las nuevas disposiciones debían durar treinta minutos y la cantidad de capítulos tenía que ser aprobada por esa entidad. Hasta los artistas estaban obligados a remitirse a Telecomunicaciones. Todo debía estar autorizado para poder funcionar. Y Eva no era la excepción. Por esa razón, apenas se enteró de la noticia, armó con prolijidad sus dos valijas y volvió a pararse en el andén de la estación, esta vez, de tarde, con destino a Buenos Aires. Antes de partir se enteró de que Pablo Suero había muerto atropellado por un auto. "Pagó bien ese gordo choto", fue su único comentario[53].

Mientras llegaba, todavía instalada en el asiento del tren, se tranquilizó. Creyó recordar que Dorita Norvi le había dicho que era muy amiga del coronel Imbert, que habían estado juntos en varias fiestas. Una vez que pisó la ciudad, corrió a tomar contacto con sus compañeros y volvió a escuchar una y otra vez las novedades. Analizaron, con mucha preocupación, cada uno de los cambios que se iban sucediendo hasta que, finalmente, decidieron agruparse el 3 de agosto para crear la Asociación Radial Argentina. Eva puso su primera firma política y pasó a la historia como fundadora de la ARA.

Las nuevas medidas hicieron que actores y actrices fueran, en dispersa procesión, a la Secretaría de Correos acudiendo a la convocatoria de Celedonio Galván Moreno, miembro del Consejo Ejecutivo perteneciente al Consejo Superior de Telecomunicaciones. Eva Duarte lo hizo también. Llegó temprano, una mañana, y diez minutos en la

[53] Testimonio de Aldo Rodolfo Bonicatto a Fermín Chávez en *Evita hay una sola*. Buenos Aires, Corregidor, 1999.

antesala del coronel Imbert del cuarto piso del edificio le sobraron para entender que si quería trabajar debía armarse de paciencia. Los tiempos de espera eran larguísimos. No había turnos pero sí un orden de llegada. Cuando Imbert decidía retirarse, entonces todos debían hacerlo detrás. Al otro día se repetía la escena. A Eva, después de todo, la espera no le vino tan mal. Descubrió que Oscar Nicolini, el secretario privado de Imbert, había sido amigo de su madre, doña Juana Ibarguren. Él fue, de alguna manera, quien ayudó a la familia a mudarse de Los Toldos a Junín, bregando por un empleo mejor para su hermana Elisa en la oficina de correos de ese pueblo. Eva era una niña entonces, por eso apenas lo recordaba. Él no la reconoció hasta que leyó su apellido y, por fin, unió cara con nombre. Tan contento se puso el hombre al encontrar a la hija de la Juana que se la presentó a Imbert, le facilitó todos los trámites y aprovechó para difundirla como actriz entre los jerarcas de las radios. Al cabo de unos días, el 21 de septiembre, Eva Duarte salió de la Secretaría con permiso para saborear un dulce contrato con Radio Belgrano, la emisora dirigida por Jaime Yanquelevich. Eva festejó su victoria con una enorme sonrisa pensando en su sueldo mensual de 1500 pesos. Ahora sí era la que quería, la que soñó ser mientras pisaba el polvo de las calles terrosas de Junín.

Su primer galán radial fue Florindo Ferrario y su primer trabajo, la representación de la vida de Elisa Lynch en la obra *La amazona del destino*. Tenía dos escribientes a medida de su voz y su dicción: Alberto Inzúa y Francisco Muñoz Aspiri. Otra vez, su trabajo se convertía en un lujo.

Semejante ascenso desató comentarios. Los empleados de la Secretaría aseguraron que Eva se había convertido, merced a la ayuda de Nicolini, en la amante de Imbert. El importante contrato que acababa de firmar terminaba de convencer a los dudosos. Pero para la actriz representó un secreto orgullo haber salido así, tan bien parada, sin ningún favor sexual de por medio. Imbert a la fuerza le simpatizaba. Eva estaba empezando a entender por dónde, en esos tiempos, discurría el poder, aunque todavía no podía concebir un trato sin coqueteos de por medio. Entre ellos tan sólo hubo unas pocas miradas. No compartieron ni una taza de café a solas. Y Nicolini no fue ajeno. "Nunca más me quiero volver a enamorar", había dicho Eva cuando de mañana partió para La Plata, y así lo hizo.

Los últimos meses de 1943 vivió para trabajar. El dinero le alcanzaba y ese año dejó, para siempre, las pensiones. Mientras memorizaba la serie de libretos que novelaban la vida de mujeres célebres en la historia de la humanidad, alquiló un departamento en la calle Posadas 1567. El primero y el último de su vida. Tuvo tiempo para vestirse mejor y para aclarar su cabello. Practicó peinados a la moda y empezó, contundente, a transformarse. Su programa pasó al horario de las diez de la noche y día tras día convocó a miles de familias alrededor de las radios. Continuó con su labor en la Asociación Radial Argentina pero, lejos de acercarse a los círculos de poder, decidió, como estrella que era, que sería rebelde. Tan así fue que el coronel Juan Domingo Perón, flamante secretario de Trabajo y Previsión, visitó Radio Belgrano en dos ocasiones y Eva ni siquiera fue a conocerlo. Se perdió el vino de honor y la oportunidad de posar junto al militar para las fotografías que salieron entonces en diarios y revistas. A una de las visitas, Perón no fue solo. Los epígrafes de las fotografías tomadas el 25 de diciembre decían que, durante el encuentro en Radio Belgrano, "el coronel estuvo acompañado por su señorita hija"[54]. Se trataba, en verdad, de María Cecilia, su señorita novia, una aspirante a actriz que había conocido en uno de los viajes a Mendoza que realizó después de la muerte de su primera esposa, María Aurelia Tizón.

A Aníbal Imbert, al final, Eva lo vio más de cerca. Le sintió la transpiración en la mejilla mientras bailaban, apretados, un tango. Fue una noche de octubre, en una fiesta privada que se celebró en un departamento de Callao y Rivadavia. Militares y actrices era la combinación. Dorita Norvi estaba allí, confirmando como un secreto a voces que era, ella misma, la amante del coronel. La Duarte tomó champán, conversó hasta por los codos, se rió entre los uniformados a carcajadas, hasta que se sintió cansada. Sola, como entró, se fue, transportada hasta la calle Posadas en un auto militar.

Salvo alguna que otra fiesta, las semanas de Eva eran iguales, parejas, una detrás de otra. Día por medio llegaban a Radio Belgrano enormes canastos repletos de flores. Eva era protagonista y estrella. Sólo por eso decidió que debía ganar más dinero y comenzó su batalla personal con Yanquelevich. Sabía dónde estaba parada y con qué bueyes araba. Tenía a Imbert y a Nicolini detrás. Y eso le permitía exigir. Y ganar. Los últimos meses del año los pasó comprando adornos, pequeños e inútiles, para llenar el vacío de su departamento, y también compró otros para poner en el árbol de Navidad de su casa en Junín. Viajaría para las Fiestas. Sola, como siempre, pero por última vez en su vida.

[54] *Antena*, octubre de 1943.

Capítulo X

Domingo Mercante tenía veintiséis años cuando conoció a Juan Domingo Perón. Se vieron por primera vez en un curso dictado por la Escuela de Suboficiales. Sus cargos y currícula hicieron que cada uno siguiera su camino hasta que, en 1942, sus carreras y sus vidas volvieron a cruzarse. En su primer encuentro, uno había tomado nota del otro. Mercante vio, en el entonces capitán Perón, a un líder a quien admirar y seguir. Perón vio en Mercante a un hombre con enorme capacidad de trabajo y lealtad extrema. "Para un militar no debe haber nada mejor que otro militar", era la frase favorita de Perón por esos tiempos.

A mediados del '42, cuando ambos, ya coroneles, fueron asignados a la Inspección de Tropa de Montaña, supieron que no se habían equivocado. Domingo Mercante se convirtió en testigo de la organización de la logia Grupo de Oficiales Unidos, conocida como el GOU. Cuando Perón se hizo cargo de la Secretaría de Trabajo y Previsión, dependiente de la Presidencia, él fue su mano derecha. Y fue su propia mano también la que abrió la puerta del despacho de su jefe a Eva Duarte. Eran los primeros días de enero de 1944, cuando una delegación del Sindicato de Actores de Radio fue recibida en la Secretaría. Eva llegó hasta allí con un grupo de compañeros, que no pasaba la media docena, para hablar con Perón de las condiciones de trabajo de su gremio. Se ubicó lejos del escritorio y sólo se acercó al coronel para tenderle la mano. Se retiró luego hacia atrás, en la sala. Estaba incómoda, no le gustaba ese tipo de reuniones. Buscó un ángulo donde ver bien a Perón pero sin dejarse ver demasiado. El coronel era muy alto e increíblemente simpático. Su figura uniformada le parecía enorme. Una enorme mole color caqui. Estaba en mangas de camisa. Hacía calor. Hablaba mucho y no dejaba de sonreír. También escuchaba con atención. Eva no dijo palabra pero los pocos minutos que duró la reunión le clavó los ojos. Y Mercante a ella. Sabía que Perón necesitaba compañía y que otras actrices se le andaban insinuando al coronel. A él no le gustaba ninguna. Eva sí. Le cayó simpática y por eso archivó el rostro en su memoria.

> "Mi querido viejito, bueno, desde que te conocí, que fue en el Día de Reyes, he sido tan feliz contigo que temo no merecerlo, pero quiero que sepas que en todo el mundo, no puede haber una mujer que ame tanto a su marido como yo te amo a ti"[55].

Después del primer encuentro, la vida de Eva siguió sin que casi ni pensara en Perón. Una semana más tarde, estrenaba en Radio Belgrano la radionovela *Llora una emperatriz*, con libreto de Muñoz Aspiri. Iba en horario privilegiado, las 22:30. Era el 15 de enero de 1944 y Eva ya estaba en la radio pasando la letra cuando se enteró de la noticia: a las 21:40, un terremoto había azotado la provin-

[55] Carta que Eva Duarte escribió a Perón entre marzo y junio de 1952, antes de su intervención quirúrgica.

cia de San Juan. Su magnitud fue tremenda, sus consecuencias incalculables. En menos de sesenta segundos, doce mil casas se convirtieron en escombros. El país entero entró en conmoción.

Eva, en la radio, supo del primer comunicado de la Secretaría de Trabajo y Previsión: "Se convoca a todos los representantes del trabajo, bancos, industria, comercio, entidades deportivas y culturales, del teatro y la cinematografía, a fin de organizar una comisión que tendrá a su cargo la organización de una colecta en beneficio de las víctimas del terremoto"[56]. Ella, que al fin y al cabo era miembro de una entidad gremial, se sintió llamada. Quiso colaborar de inmediato. Su sindicato envió a la Secretaría una respuesta y, para sorpresa de Eva, el mismo Perón la agradeció: "El secretario de Trabajo y Previsión, Coronel Juan Domingo Perón, dispuso aprovechar el gentil ofrecimiento de los artistas (...) y dispuso que, encabezadas por una de esas figuras, se organizaran comisiones para recorrer los comercios del centro y solicitar el óbolo de los transeúntes". Se armaron cuadrillas con un actor a la cabeza para recorrer las calles en busca de donativos. Primero pasaron por el centro y después fueron por los barrios. Eva se sintió bien por primera vez en mucho tiempo. Muy bien. Caminó docenas de cuadras, pidió dinero de todas las formas posibles. Fue amable, imperativa, simpática, suplicante. Cada billete y cada moneda que lograba capturar los ponía en las manos de sus acompañantes, un soldado y un marinero, y ellos en la alcancía. Ese miércoles 19 de enero, por otras calles, pidieron donaciones Libertad Lamarque, Niní Marshall, Luisa Vehil, Olinda Bozán, Blanca Podestá y

[56] *La Nación*, 17 de enero de 1944.

Lydia Lamaison, entre otras actrices. El sábado, el mismo Perón salió a pedir junto con un grupo de artistas. Caminaron Florida entera y después, al Hipódromo. Así, sobre la marcha se formó una comisión, con el teniente coronel Héctor Aguirre a la cabeza, para organizar un festival en el Luna Park el sábado 22. Una especie de maratón artística, con show en vivo y colecta a beneficio. Los muertos en San Juan llegaban a siete mil y los heridos casi duplicaban esa cifra.

> "Entre los tantos que esos días pasaron por mi despacho, había una mujer joven, de aspecto frágil pero de voz resuelta, de cabellos rubios que dejaba caer sobre su espalda, y de ojos afiebrados. Decía llamarse Eva Duarte, era actriz de teatro y de radio (...). Hablaba vivamente, tenía ideas claras y precisas e insistía para que se le consagrara una misión. Yo la miraba y sentía que sus palabras me conquistaban, estaba casi subyugado por el valor de su voz y de su mirada"[57].

Desde las cuatro de la tarde, la gente fue acercándose hasta la avenida Alem. Algunos compraron entradas y se dispusieron a esperar que abrieran las puertas. Otros, al ver tanta multitud, dejaron un donativo y se fueron a sus casas a escuchar la transmisión por radio. Aguirre inauguró el acto. Luego habló Perón. Eva lo escuchó tras bambalinas. Lo miró con orgullo. Perón, desde su uniforme blanco, advirtió su interés. Había doscientos números preparados para esa noche pero no llegaron a representarse ni la mitad. Hacía tanto calor...

Perón se había sentado en un lugar preferencial y de difícil acceso, junto al presidente Pedro Pablo Ramírez y su espo-

[57] Juan Domingo Perón: *Del poder al exilio*. Buenos Aires, Ediciones Argentinas, 1973.

sa. Rodeado de jóvenes soldados, al otro lado del secretario de Previsión se ubicó el coronel Aníbal Imbert y atrás, un grupo selecto de invitados. Dentro del corralito, cerca de ellos, estaba Libertad Lamarque. Y un poco más alejada, la bella Blanca Luz Brum[58], la compañera preferida de Perón. En el acceso al sector, Domingo Mercante impedía el paso de los curiosos y observaba cómo las actrices revoloteaban alrededor de los coroneles. Fue entonces cuando Mercante la vio. Eva Duarte había llegado hasta esa entrada a los empujones limpios. Vestida de negro, hasta los guantes, y con sombrero con pluma blanca, se acercó junto con su amiga Rita Molina y le sonrió con timidez. Ramírez y su mujer se retiraban. Perón e Imbert estrechaban las manos del matrimonio. Mercante tomó del brazo a la Duarte y, apretándolo, le dijo:

—¿Ve esa silla vacía? Bueno, vaya y siéntese.

Eva no entendió. Se quedó dura, sorprendida, congelada. Levantó sus cejas y señaló con el brazo estirado.

—Pero Mercante, ¿ahí? ¿al lado del coronel?

—Sí, siéntese, cállese y no se mueva de ese lugar[59].

Fueron apenas unos segundos. Eva caminó a paso ligero hasta la silla de mimbre. La miró todo el trayecto. Por fin

[58] Blanca Luz Brum nació en el Uruguay en 1905. Fue esposa del poeta Juan Parra del Riego, del artista plástico y delegado por el Partido Comunista de México David Alfaro Siqueiros, pareja de Natalio Botana, director de *Crítica*, y del diputado chileno Jorge Béeche. Junto a José Carlos Mariátegui fundó en 1926 la revista *Guerrilla* y en 1933 organizó la Confederación de Trabajadores Intelectuales. Blanca Luz conoció a Perón en noviembre de 1943 en ocasión de realizarle una entrevista para *El Mercurio* de Chile. Ese mismo mes, el coronel le pidió que fuese su jefa de Prensa y Propaganda y ella aceptó.

[59] Domingo Alfredo Mercante: *Mercante: el corazón de Perón*. Buenos Aires, Ediciones de la Flor, 1995.

era suya. Se paró delante cuidando de no engancharse las medias de seda. Apoyó su trasero en la silla y respiró.

> "Yo no sé cómo me animé a hacerlo. No lo pensé, porque si lo hubiera hecho me hubiera quedado donde estaba... Pero el impulso lo hizo todo. Vi el asiento vacío y corrí hacia él sin pensar si me correspondía o no"[60].

Cuando Perón se percató de su compañía, la saludó, le sostuvo la mirada y el festival terminó para ellos. Con los rostros de perfil al escenario, hablaron y se sonrieron el resto de la noche. Al final del espectáculo, Imbert y Perón invitaron a cenar a las actrices. Toda una señal para ellas, ya que los coroneles tuvieron que deshacer el compromiso que habían asumido con los organizadores del festival: un brindis de agradecimiento. Antes de dejar el Luna Park, Imbert presentó a Eva y a Blanca Luz. Se dieron la mano. Perón alentó a la uruguaya para que los acompañara, pero Eva clavó sus ojos en los de ella y Blanca Luz, elegante, se rehusó. Los cuatro salieron del lugar a la noche fresca del Bajo. Perón caminó con Eva a su lado, haciendo chistes a los organizadores que reclamaban su promesa. "Nosotros nos vamos, muchachos, no se pongan mal que queda más para ustedes", les decía en voz alta y con sonrisa estática. Los cuatro subieron al mismo auto, un auto oficial que manejaba Perón, y marcharon hacia Barrio Norte. La cena fue agradable, Imbert y su compañera se retiraron. Perón y Evita no dejaban de charlar. "Hablábamos de cualquier cosa. Qué sé yo... de la fiesta, de la necesidad de colaborar. Era como si nos conociéramos de toda la vida. Él me dijo

[60] Entrevista de Vera Pichel a Eva Perón en *Evita íntima*. Buenos Aires, Planeta Bolsillo, 1997.

que le gustaban las mujeres decididas. De eso no me olvidé nunca"[61].

Eva sentía el pecho grande, sentía la sangre correr por su cuerpo. Sentía que ella y Perón hablaban el mismo idioma, la lengua de los sanjuaninos, sumidos en el horror. No podía creer lo que le estaba pasando. Quería quedarse allí para siempre. Al lado de Perón. En el pecho y en los brazos de Perón.

La cena duró hasta el lunes por la mañana, cuando Eva llegó a su departamento en un auto oficial. Habían pasado el fin de semana juntos en una casa del Tigre, la misma casa a la que Perón invitó a Blanca Luz en octubre de 1943, el día en que se conocieron.

Perón no había querido llevar a la actriz a su departamento y ella, qué más daba, se dejó llevar por él al fin del mundo. Esos dos días, Eva se transformó en un par de enormes oídos y Perón en una voz sin límite. Él habló de todo, ella escuchó sin interrumpir. La palabra y la piel los habían reunido para siempre.

Los días siguientes se vieron, se llamaron, cenaron juntos. Eva no podía entender cómo el coronel todavía no la había invitado a su casa. Se obsesionó con eso y empezó a preguntar en la radio, a sus amigos. Hasta que alguien le recordó: "Perón dice que tiene una hija, una chica muy joven. Pero nadie le cree. Todos dicen que es su querida, su amante".

Era común ver a Perón con "Piraña", tal apodo había elegido para ella por su voracidad al comer. Iban a la cervecería Palermo o al Luna Park a ver algún espectáculo de boxeo. Eva no le había preguntado nada a Perón. Él mismo le había

[61] Ibídem.

contado, ese fin de semana, que era viudo, que su esposa, su querida "Potota" Tizón, había muerto pisando la treintena, hacía tan sólo cinco años. Aunque, por esas razones del destino, obvió decirle que murió de cáncer de útero. Evita dio por sentado que el coronel no mantenía relaciones con ninguna mujer. No podía pensar de otra manera si habían pasado un fin de semana tan especial. Pero la realidad es que Perón compartía su departamento de la calle Arenales y Coronel Díaz con María Cecilia Yurbel[62], una aspirante a actriz que había conocido en Mendoza y que viajó siguiendo a Perón para probar suerte en la Capital. María Cecilia estaba instalada en el departamento y era conocida por todos los colegas de Perón. Pero eso no era todo, el coronel le había pedido matrimonio a una prima lejana, de nombre Mercedes.

Eva no supo nada de eso de la boca de Perón. Pero, obstinada, quiso comprobar los chismes que le habían contado. Así fue que un día de los últimos de enero tocó timbre en la casa de Perón. María Cecilia abrió la puerta y al verla, Eva no paró de hablar: "Mirá, chiquita, es mucho mejor que te mandés a mudar de acá. Ahora la única mujer del coronel soy yo. ¿Podés entender? Que te vayas, digo. Vía, ya", hasta que la vio armar su valija para volver a Mendoza. Lo cierto es que María Cecilia tenía esa franca intención ya que se había enterado de que parientes suyos habían muerto en el terremoto en San Juan. Eva, con sus explicaciones, sólo aceleró los trámites. Nadie le iba a sacar de su cabeza la idea de acercarse más y más a Perón.

> "...Encontré toda una sorpresa. Una pirujita veinteañera estaba allí. Perón la había traído de no sé dónde y el muy pí-

[62] Araceli Bellotta: *Las mujeres de Perón*. Buenos Aires, Planeta, 2005.

caro la presentaba como su hija. ¡Qué hija ni ocho cuartos!... No tuvo tiempo ni se acordó de despedirla. Y como a él le gustaban las mujeres decididas, metí todas sus cosas en una valija y la despaché rumbo a su provincia sin más trámite"[63].

Actuó rápido María Eva Duarte. En eso sí se parecía a su madre. En Posadas 1567, donde ella alquilaba un departamento, otra vez el destino, se desocupó uno en el mismo piso. Eva rogó a Perón, quien no hizo más que reírse al enterarse del episodio de Piraña, que lo alquilara. Y como tantas otras cosas, lo logró. Se mudaron juntos los primeros días de febrero.

El 3 de febrero, Eva Duarte volvió a la radio. La obra *Llora una emperatriz*, que representaba la vida de Carlota de México, había sido interrumpida en enero por la temporada de verano. Eva llegó a Radio Belgrano en un taxi seguido por un auto oficial. Los coroneles Domingo Mercante y Juan Domingo Perón habían decidido ir allá para felicitar a Eva y alentarla. Estuvieron en la transmisión en la que ella se mostró idónea y hasta intentó lucirse. Luego Perón usó el micrófono, saludó a los oyentes y habló acerca de la función social del radioteatro. Ese día, la relación del militar y la actriz quedó blanqueada. Sin embargo, Perón no permitió que los fotografiaran juntos, ni siquiera con Mercante en medio de los dos. Veintitrés días después repitió la fórmula: esa vez Eva fue Isabel de Inglaterra en *Mi reino por un amor*. Mercante cedió su lugar a Aníbal Imbert y a Héctor Russo, acompañantes de Perón.

[63] Eva Duarte a Vera Pichel en *Evita íntima*.

"Al principio, aquella frágil mujer rubia no quería hablar de sí misma. Me seguía como una sombra, me escuchaba atentamente"[64].

La pareja ya estaba instalada, ocupando dos departamentos en Posadas 1567. Cada uno vivía en el suyo aunque, noche tras noche, Eva cruzaba el pasillo y entraba en la casa de Perón. Se quitaba la bata y se metía desnuda en su cama con la idea de quedarse ahí para siempre.

"Quedé marcada a muerte. Conocer a Perón fue mi día maravilloso. Fue el comienzo de mi nueva vida"[65].

[64] Juan Domingo Perón: *Del poder al exilio*. Buenos Aires, Ediciones Argentinas, 1973.

[65] Eva Duarte a Vera Pichel en *Evita íntima*.

Capítulo XI

Los muslos regordetes de Eva Duarte no enamoraron a Perón. Sus tobillos gruesitos, tampoco. Ni siquiera su naturalidad para sacarse la bata de dormir y meterse desnuda en la cama. Eva enseguida se dio cuenta de lo que enamoraría al militar y transformó ese hallazgo en su mayor virtud. Eva había descubierto que Perón se enamoraba de sus propias palabras, de las de él. Por eso tuvo en claro que debía dejarlo hablar y hablar y hablar, hasta que se le secara la boca. Ella ponía su mejor cara y escuchaba cada palabra, cada inflexión, haciendo arquitos con las cejas y asintiendo con la cabeza cuando el momento lo exigía. Cuando lo escuchaba reír con carcajada sonora, de felicidad, apretaba los muslos ocultos por la falda y cruzaba las pantorrillas en doble vuelta. Ésos eran, para ella, momentos inéditos de éxtasis, de felicidad. Y para él también. Se sentía otra vez instructor, profesor, orador. Que lo escucharan era una de sus mayores pasiones. Eva lo había aprendido y, mientras durara la conquista, no lo olvidaría jamás.

El coronel también era romántico. Militar al fin, cuando la luz del día no había comenzado a aparecer, abría los ojos de repente, saltaba con vigor de la cama y entraba al baño. A esa hora, ella, que venía de la crianza bohemia de la calle

Corrientes, dormía profundamente. Al despertar, Eva no lo veía. Perón se iba muy temprano a trabajar con su cabeza empastada en gomina. A él le daba lo mismo ponerse cualquiera, pero ella se había encargado de colocar en su botiquín un pote de brillantina perfumada Atkinsons. De punta en blanco, a las ocho, él ocupaba el despacho del Ministerio. En lugar del militar, cuando Evita abría los ojos, encontraba una flor sobre la almohada. Una distinta cada día.

> "Es fabuloso. No sé de dónde la saca o si la trae cuando vuelve y yo no me entero pero cada mañana tengo una flor. Él es una fiesta. Es maravilloso, está en todas las cosas"[66].

Eva se levantaba cerca del mediodía. Y pasaba corriendo a su departamento. Se daba un baño y después se tomaba media hora para hacer una de las cosas que más le gustaban en la vida: sentarse en su tocador. Un enorme espejo biselado le devolvía una imagen feliz. Feliz por Perón y feliz por haber perdido la cuenta de los frascos de perfume que había ido poniendo, uno al lado del otro, encima del mármol. Allí se miraba en el espejo, se peinaba, se maquillaba. Jugaba, mezclando gotas de distintos perfumes y creando sus fragancias únicas. Jugaba, Eva, a ser una mujer completa.

El 24 de febrero, la rutina de los amantes comenzó a cambiar. Los movimientos políticos del país entraron como una onda expansiva a los departamentos de la calle Posadas. Ramírez renunció el 25 y asumió Edelmiro Farrell. El 26, Juan Domingo Perón fue nombrado ministro de Guerra.

[66] Eva Duarte a Vera Pichel en Vera Pichel: *Evita íntima*. Buenos Aires, Planeta Bolsillo, 1997.

Lo primero que hizo fue ir a Radio Belgrano para contárselo a Evita. Tanto cambio y tanto revuelo repercutieron enseguida en la salud de Perón, que a pesar de su enorme y, en apariencias, fuerte físico, sufría todo el tiempo de males menores. Por esos días, Eva tuvo que buscar en su memoria algo a lo que jamás le había prestado atención: cómo Juana, su madre, ponía ventosas. Y parece que lo hizo bien porque Perón no sólo se curó de su problema respiratorio sino que delegó en ella el cuidado de su salud.

Eva tenía programados dos radioteatros: *Mi reino por un amor*, la vida de Isabel de Inglaterra, para marzo y para abril, y *Un ángel pisa la escena*, de Antonio Giménez, en el que interpretaría a la actriz Sarah Bernhardt. Yanquelevich, inspirado por las visitas del militar a la actriz, le renovó el contrato por lo que quedaba del año '44 y por todo el '45. Y además, le subió el caché a la cifra más alta que se había pagado hasta el momento en la historia de la radiofonía. Su compañía la agasajó con una comida y su foto, junto a las autoridades de la radio al momento de la firma del contrato, salió en las revistas. Eva lucía un estupendo tapado de piel rubio que había comprado en cuotas por 100.000 pesos. Era toda una estrella.

Su vida junto a Perón iba tomando forma de convivencia: pasaba cada día menos tiempo en su departamento y más en el de su amante. A él le gustaba hacer reuniones en su casa, recibir a sus compañeros de armas y de trabajo. Eva, al principio, esperaba atenta, en una salita contigua al living donde se instalaban Perón y sus visitas. Se sentaba en una silla cerca de la puerta y escuchaba. Ante el menor cambio de voz de Juan, aparecía en la sala con una bandeja con café o con una caramelera llena. Y a veces, cuando la reunión era de dos o tres personas, con algún matecito.

Los que visitaban a Perón se sorprendieron, al principio, al ver a Eva allí. Luego se fueron acostumbrando. "Muchachos", los llamaba ella. Su espontaneidad hacía sonreír a Perón, quien en la intimidad llamaba a su mujer "O Sol". Eva y Perón vivían un franco concubinato y no lo ocultaban. Ni siquiera les importaba. De hecho, con el correr de los días, Eva fue saliendo de la salita y entrando en el living para escuchar las conversaciones de Perón con sus camaradas. Se ubicaba en un distante segundo plano y no intervenía, aunque sí prestaba atención. Escuchaba todo. Grababa las caras en su memoria, los gestos de los visitantes, los tonos de las voces. Usaba su instinto pueblerino para leer la confianza en los rostros. Por las noches, cuando se metían en la cama, Perón y Eva repasaban cada diálogo. Ella preguntaba, y aunque nunca opinaba directamente sobre un tema, sí se tomaba la libertad de mencionarle quiénes entre aquellos que lo rodeaban le caían bien y de quiénes debería alejarse. Algunos visitantes la conocían de las revistas. En los reportajes Eva solía decir que era "amante del mar" y eso, a todos, les llamaba la atención. Otras revistas, en cambio, ponían al militar y la actriz en la columna de chimentos y sin nombrarlos hablaban de su necesidad de aceptación por parte de la gente "bien", "quiere que la elite social la reciba en sus salones por eso no asisten a ninguna fiesta juntos"[67]. En mayo, otra foto los reunió: la Asociación Radial Argentina fue reconocida como entidad por la Secretaría de Previsión Social, es decir por Perón, y Evita como su presidenta.

Churrascos con ensalada, pan y chorizos, salchichas con *chucrut* eran las comidas preferidas del coronel. Eva se

[67] *Antena*, 8 de junio de 1944.

las preparaba con sus propias manos. A veces comían en la salita y otras, cuando ella no tenía programa, llevaba la comida a la cama en dos grandes bandejas. Los vasitos con vino tinto no faltaban jamás. Entre las bandejas y los bifes de costilla, Eva y Juan hablaban sin parar. De esas larguísimas conversaciones salió una idea que ella, rápidamente, puso en marcha. Así, en junio, en las páginas de *Sintonía* se anunciaba *Hacia un futuro mejor*, un nuevo programa en el que la Duarte, con libretos de Muñoz Aspiri, se dedicaba sin vueltas a la declamación de propaganda. El programa se transmitiría por Radio del Estado. En junio también, después de teñirse el cabello de rubio pleno, fue tapa de *Sintonía* y comenzó los ensayos para la filmación de la película *La cabalgata del circo*. Varias veces por semana, Perón la llevaba en auto a los estudios cinematográficos ubicados en San Miguel. Eva llegaba contenta y siempre tarde. Ser la compañera de Perón la ubicaba en un lugar privilegiado. Al director, Mario Soffici, lo obedecía sin chistar y con sus compañeros se divertía en cada escena. En una de ellas, Eva bailaba el pericón con Armando Bo. Cuando ensayaban, ella se metía una mano por debajo de la blusa, a la altura de los pechos y, mientras se acariciaba, miraba a su compañero y le decía: "Dale, Armando, mirame y calentate conmigo. Así cuando llegás a tu casa le cumplís a tu señora, que te esperó todo el día". Pero su relación no era la misma con la protagonista de la película. "Es una maleducada, una incumplidora. Una actriz de reparto que llega y se va a la hora que quiere. No tiene el más mínimo respeto por el trabajo", decía por lo bajo Libertad Lamarque.

Cuando por fin llegaba la noche, Eva y Perón buscaban algún restaurante cercano a la calle Posadas y se sentaban a cenar y a contarse lo que habían hecho durante el día. Después, cansados, se iban a dormir.

A mediados de junio, a Eva se le metió en la cabeza que tenía que mejorar su imagen. Por eso, después de consultarlo con Perón, decidió, una tarde, llamar al taller del modisto Paco Jaumandreu. Él, acostumbrado a vestir a las grandes estrellas del momento, tardó un día entero en devolverle el llamado hasta que, por consejo de otra actriz, lo hizo. Eva lo citó en su casa, el sábado siguiente, a las seis de la tarde.

"Ella misma me abrió la puerta. ¡Qué cache!, pensé. Su departamento me hizo acordar a las casas burguesas de mi pueblo. A los pocos minutos todo me pareció muy lindo. Hasta sus pantalones de satén que nada tenían que ver con sus sandalias de corcho"[68].

Necesitaba ropa de dos clases. Elegante, para su trabajo como actriz, y sport para su "trabajo al lado del coronel". Eva le pidió un estilo. Y Paco se lo dio. Le permitió al modisto revisar su guardarropa y él lo decretó "demodé". Minutos después, le presentó a Perón, que lo recibió tirado en la cama mientras masticaba un chorizo con pan y tomaba un vaso de vino tinto. "¿Así que vos sos el famoso Paco? Sos un pibe. Mirá que elegiste una mujer difícil. ¿Qué te parece Eva? Con ella te vas a lucir, ¿no?", dijo. Jaumandreu, osado, le contestó que Eva era alta y que su figura era muy bonita pero que tenía un poco de "pancita". A los pocos días, Perón le puso un instructor alemán de gimnasia. Y así pasaba la vida de la pareja. Ella se metía en las reuniones políticas y militares y él se metía en el guardarropa.

[68] Paco Jaumandreu: *Memorias. La cabeza contra el suelo*. Buenos Aires, Corregidor, s/f.

La nueva relación amorosa del militar no era bien vista. Los compañeros de Perón se acercaban en procesión a la calle Posadas para sugerirle al coronel que dejara a la actriz. Él se reía de todos y se tomaba tan a pecho a Eva que hasta se la presentó a doña Juana Sosa, su madre.

Perón redobló la apuesta y el 9 de julio llevó a su amante a la velada del Teatro Colón. Ella se paró al lado del coronel y todos los invitados oficiales tuvieron que saludarla como a una primera dama. Al terminar la noche, muertos de risa, se fueron a dormir a Posadas imitando las caras de espanto de los militares y de las esposas que los habían saludado.

La actriz terminó el año con una nueva propuesta. En realidad, la propuesta llegó como consecuencia de una sugerencia. Ella quería protagonizar una película. Una que le gustara, según lo había dicho meses antes en un reportaje. Y como si pudiera adivinar el futuro, había dicho también que sabía que esa oportunidad le llegaría de la mano de Mario Soffici. Y de la mano de Perón. Su deseo se hizo realidad. Sería, por primera vez, protagonista en la pantalla grande. Soffici dirigiría *La pródiga*, una película que estaba postergada desde enero debido al desabastecimiento de materias primas[69]. Pero las ganas de filmar que tenía Evita no

[69] Luego del pico de producción de la década del treinta, la industria cinematográfica comenzó a padecer una crisis que la llevó a ceder el liderazgo regional a favor de México. Una de las principales razones que explican el declive del cine nacional fue la decisión de los Estados Unidos de reducir drásticamente la venta de celuloide, como reprimenda por la neutralidad adoptada por el gobierno argentino durante la Segunda Guerra Mundial. La otra razón fue la pérdida de convocatoria entre los sectores medios urbanos, que constituían el grueso de los espectadores de cine nacional. Frente a la crisis, los productores reclamaron la intervención del Estado nacional, que se concretó en 1944 con la san-

impedirían que una nueva película argentina viera la luz. Así, Perón intervino para cubrir el faltante y, aunque todas las revistas del espectáculo ya habían anunciado que la primera figura sería Mecha Ortiz, el director Soffici se permitió un pequeño cambio: el del papel protagónico por celuloide. Eva se sacaría el gusto de ser una verdadera estrella. Y eso, a Perón, lo hacía sonreír.

El amoroso primer año de la pareja fue terminando. Cada cual en su rutina brindó por lo que vendría. Eva y Juan eran puro cuento, pura risa, se acompañaban el uno al otro como podían inventando tiempos para estar juntos, aunque trataban de no mostrarse en público. Ella solía visitarlo en su despacho de la Secretaría de Previsión. Ni las secretarias ni los ayudantes de Perón lograban impedir que pasara. Parecía que se llevaba el mundo por delante cuando, taconeando, se desplazaba por el corredor hasta entrar, sin avisar, en el despacho de su amante. La altivez de Eva divertía mucho a Juan. Cada día se conocían más, y más influían uno en el otro. Eva ganaba buen dinero y sus problemas económicos habían terminado para siempre. Fue rica, Evita, de un año para el otro. Tuvo dinero y tuvo a Perón. Ni ella misma podía creer en su buena suerte. Hasta se dio un lujo: se convirtió en propietaria de una casa en la calle Teodoro García 2106[70].

---

ción de la primera reglamentación proteccionista, que estableció para todos los cines la obligación de exhibir una cantidad mínima de películas argentinas, de acuerdo con el tamaño y la localización de las salas. Extraído de Pablo Perelman y Paulina Seivach: "La industria cinematográfica en la Argentina". Estudio realizado para el Centro de Estudios para el Desarrollo Económico Metropolitano.

[70] Varios investigadores coinciden en señalar que la mansión de la calle Teodoro García 2106 fue un regalo que Ludwig Freude le hizo a Eva

"La estoy haciendo construir en el barrio de Belgrano. Un petit hotel para mi residencia. Y la he mandado a edificar, porque quizá sea ello lo único que me quede, cuando decida dar el paso definitivo hacia el hogar"[71].

La filmación de *La pródiga* terminó en septiembre. Con las idas y vueltas a los escenarios naturales de Córdoba, Eva se dio cuenta de lo mucho que extrañaba a Perón. Por esos días, le presentó a Juancito. Su hermano vivió con ella en el departamento de la calle Posadas, ocupaba una pieza chiquita. Después de la mudanza de Perón al departamento de al lado, Eva lo fletó. Juan no conoció al coronel sino a través de los cuentos de Eva, hasta que un día de septiembre, ella decidió ponerlos cara a cara. La cita fue en un restaurante cercano a Plaza de Mayo. Almorzaron los tres. Juancito no podía creer la felicidad de su hermana y la amabilidad de Perón, que lo trataba como si lo conociera de toda la vida. Se sintió cómodo. Y desconcertado, cuando el militar le propuso que trabajara para él.

El clima político se enrarecía a gran velocidad. Las universidades entraban en estado de insurrección, la Corte se manifestaba en disconformidad con el gobierno, los industriales no podían hacerse cargo de las nuevas reglas de juego impuestas por Perón, los intelectuales denostaban al gobierno. La violencia estaba a la vuelta de la esquina.

Eva Duarte, de pronto, se convirtió en el blanco de los comentarios de todos los sectores del gobierno y de

---

Duarte. Freude fue considerado testaferro de los capitales nazis en la Argentina, amigo personal de Juan Domingo Perón y financiador de su campaña política.

[71] Revista *Radiolandia*, 7 de abril de 1945.

los cuarteles, mientras Perón se reía de ellos. "Me reprochan que ande con una actriz... ¿Y qué quieren? ¿Que ande con un actor?". Y tanto se burlaba que el 5 de octubre, por pedido de Eva, decidió nombrar a Oscar Lorenzo Nicolini, el amigo de Juana Ibaguren, como director general de Correos y Telecomunicaciones. Los militares, que conocían muy bien la relación de Duarte y Nicolini, comenzaron a llamarla "mujer descarada, la cualquiera, la intrigante".

El Ejército exigió a Perón que relevara a Nicolini del cargo. Designaron un enviado. Primero, lo hizo en su despacho. Al otro día, en el living del departamento de Posadas. Eva estuvo presente. Escuchó con atención el pedido del poderoso general Eduardo Ávalos, jefe de la guarnición y amigo de Perón, y vio a su amante negarse una y otra vez. Al final no pudo contener su silencio: "Lo que tendrías que hacer, Juan, es dejar todo de una vez y retirarte a descansar. ¡Que se arreglen solos!", gritó Eva ante la media sonrisa de Perón.

El lunes 8 de octubre, Perón cumplía cincuenta años y sus colaboradores le habían preparado un agasajo en el sótano del Ministerio de Guerra. Ese mismo día había citado a los jefes militares a una reunión en el edificio. Allí les manifestó que no podía aceptar interferencias en sus políticas de gobierno y les pidió que reflexionaran y expusieran sus puntos de vista. Antes de bajar al sótano a festejar su cumpleaños, arriesgó algo más: si no lograba conseguir el apoyo que necesitaba su gestión, entonces pediría su retiro. El resultado de la reunión puso en evidencia la profunda división que existía en el Ejército: los que querían dejar gobernar a Perón y los que estaban en su contra. La idea del militar, "Producir más para vivir mejor", venía generando un descontento que estaba a punto de explotar.

El martes 9, pasado el mediodía, el presidente Farrell se reunió con los oficiales encabezados por Ávalos, en Campo de Mayo. Todos le exigieron la renuncia de Perón.

Evita y Juan, en tanto, estaban juntos en el departamento de Posadas. Cada movimiento les era informado. Eva intentó convencer a su amante de que escaparan al Uruguay y él se enfureció. "Mirá. Dejá de molestarme. Quedate quieta", le gritó delante de sus colaboradores[72]. El episodio terminó esa misma tarde con la renuncia de Perón a sus cargos, secretario de Previsión, ministro de Guerra y vicepresidente de la República, por pedido del presidente Edelmiro Farrell. La escribió y la firmó en su despacho del Ministerio mientras Eva, que había dejado de lado todas sus actividades, estaba internada en el departamento haciendo de telefonista, secretaria y camarera. Perón renunció y redactó también un pedido de retiro del Ejército. Luego quiso saludar a los trabajadores que lo esperaban congregados en la puerta de la Secretaría.

> "Al dejar el gobierno, pido a ustedes que se despojen de todo sentimiento que no sea el de servir a la clase trabajadora. (...) Pido orden para que sigamos adelante en nuestra marcha triunfal, pero si es necesario, algún día pediré guerra. Para terminar no voy a decirles adiós. Les voy a decir 'hasta siempre', porque de hoy en adelante estaré entre ustedes más cerca que nunca (...) Venceremos en un año o en diez, pero venceremos."

Cuando supo de la renuncia, Eva fue hasta el Ministerio de Perón pero no pudo entrar. Lo escuchó mezclada entre la gente. Lo vio, poderoso, despidiéndose. Y tuvo miedo. Per-

[72] Joseph A. Page: *Perón. Una biografía*. Buenos Aires, Debolsillo, 2005.

der su conquista, perder a Perón... No podía ni pensarlo. Se sentía pequeña, "tan poca cosa". No entendía bien lo que estaba pasando pero sí veía cómo sus logros se le iban de las manos. Nada le importaba tanto en el mundo como el hombre que estaba allí parado. Sabía Eva que la detención de su amante era inminente y había escuchado a sus colaboradores decir que existía la posibilidad de que atentaran contra su vida.

Todo decantó con ligera prisa. Con la renuncia de Perón, los contratos de Eva quedaron inmediatamente cancelados. No le importó. Ni siquiera lo lamentó. Lo único que sabía era que quería estar junto a Perón. Todo el tiempo. Para siempre.

La pareja decidió abandonar el departamento y huir. Eva tenía miedo. Perón sentía lo mismo.

Dejaron Posadas y se refugiaron en la casa de Elisa Duarte. Esa noche durmieron allí. A la mañana siguiente, en un pequeño operativo comandado por un amigo de Perón, Rudi Freude, hijo de Ludwig, y por Juan Duarte, salieron rumbo al Delta.

Eva y Juan pasaron en ese lugar las horas más intensas de sus vidas. No se soltaron nunca las manos, caminaron por el jardín de la casa y se sentaron en el muelle, con las piernas colgando al río, como dos chicos. Eva y Juan se acariciaron las caras y mirándose a los ojos se juraron amor eterno. Perón le prometió casamiento y Eva aceptó, aunque su miedo, en ese momento, era más que la felicidad. Perón le prometió que se irían lejos, que se instalarían en el sur y que juntos olvidarían los malos momentos. Ambos temían por la vida del otro y por la propia. Cuando oscureció, el jefe de policía Aristóbulo Mittelbach cayó sobre ellos. De noche, en auto, volvieron custodiados al departamento de Posadas. Perón quería recoger algunas cosas personales antes de ser encarcelado. Eva lloraba mientras miraba a su compañero cambiarse de ropa y cargar un pequeño bolso de mano. Antes de salir, Perón le dio un largo y apretado abrazo pero cuando cruzó el umbral, Eva tuvo una crisis de nervios. Lloró a gritos, insultó a los policías, se sintió morir y se refugió en la casa de Pierina Dealessi.

> "Vino a mi casa a contarme. Temblaba. No sabía si lo habían matado o si estaba preso. Me dijo que a ella también la habían amenazado. Venía todos los días a dormir. Durante el día, desaparecía."

"Mi tesoro adorado", se leyó unos días después en una carta que le envió Perón. Y se sintió renacer. Se enjugó las lágrimas, su hermano Juancito la abrazó, Pierina le acercó un mate y Eva suspiró.

> "Hoy he escrito a Farrell pidiéndole acelere mi retiro: en cuanto salgo nos casamos y nos iremos a cualquier parte a vivir tranquilos. (...) De casa me trasladaron a Martín García y aquí estoy, no sé por qué y sin que me hayan dicho nada. ¿Qué me decís de Farrell y Ávalos? Dos sinvergüenzas. (...) Te encargo que le digas a Mercante que hable con Farrell para ver si me dejan tranquilo y nos vamos a Chubut los dos. (...) Si sale el retiro, nos casamos al día siguiente y si no sale, yo arreglaré las cosas de otro modo. Viejita de mi alma, tengo tus retratitos en mi pieza y los miro todo el día con lágrimas en los ojos. (...) No te preocupes por mí pero quereme mucho. Hoy lo necesito más que nunca. Tesoro mío, tené calma y aprendé a esperar. Esto terminará y la vida será nuestra. (...) Muchos, pero muchos besos y recuerdos para mi chinita querida. Perón."

Capítulo XII

Eva sólo tenía oídos para la voz del miedo, aunque en su mano apretaba la carta en la que Perón le proponía casamiento.

Esa tarde sintió ahogo. La garganta se le cerró de pronto. Lloró lágrimas de miedo, Eva, cuidando de no manchar la tinta de la pluma fuente que Perón había usado para escribir la propuesta de casamiento.

Eva Duarte, que como los gatos desprevenidos siempre había caído parada, esa vez sintió golpear su largo espinazo contra el suelo. Desesperada, se le ocurrió llamar a un abogado amigo de Perón y le pidió que interpusiera un hábeas corpus. Pero no fue escuchada. "Usted sólo ve por sus intereses. No cuente conmigo", le contestó Juan Bramuglia. Y se fue.

Eva quedó masticando puteadas, incomprendida, hundida. Perón seguía encerrado y ella suelta, cuidada por colaboradores cercanos. Y peor la tarde no podía ser: hacía calor. Casi estival. Insoportable. De pronto se abanicó con la carta y se levantó de la silla como queriendo creer que sus pies estaban de vuelta en la tierra. Salió de ese extraño estado y dijo: "Dale, Juancito, acompañame". Arrebatada, agarró su cartera, guardó la carta y, con Juan pisándole los talones, salió a la calle y paró un taxi. "Al Hospital Militar", ordenó. Allí estaba Perón, que había sido trasladado desde Martín García argumentando una severa dolencia física.

Llegaron los hermanos, bajaron del taxi y entraron al enorme hall. Rogaron, suplicaron, pidieron, se enojaron, pero sólo consiguieron comunicarse por teléfono con la habitación del capellán en la que estaba alojado el militar. Cerca de las ocho de la noche, tomaron otro taxi que los llevó de vuelta al departamento. Un Perón vestido con pijama azul, al teléfono, les había ordenado tranquilizarse y esperarlo allí.

Apenas llegaron, Juan Duarte llamó al médico. Eva tenía una crisis nerviosa. Hasta se había peleado con el taxista. Miguel Mazza, el mismo capitán que, ese día a las seis y media de la mañana, logró el traslado de Perón al Hospital Militar fue a atenderla al anochecer. Pero no pudo con ella. Ni siquiera alcanzó a revisarla. Eva lo sacó del medio. Se fue sin siquiera tocarle la frente.

El traslado de Perón era inminente. Unos millares de hombres lo esperaban desde el mediodía en la Plaza de Mayo. Eva había estado ahí a la tarde. Los había visto. Pero no entendía qué estaba pasando.

Perón, ya vestido de civil, salió del hospital por orden del presidente Farrell. Tuvo que sortear a una centena de hombres que, enterados del rumor de su traslado, lo fueron a esperar a Luis María Campos. Alrededor de las once de la noche, salió al balcón de la Casa de Gobierno y habló a las trescientas mil personas que lo esperaban congregadas desde el mediodía. En Posadas la radio, que estaba eternamente encendida, transmitió el bramido de la multitud. Eva sintió una sensación nueva en el cuerpo, su boca quedó semiabierta en un rictus desagradable y las lágrimas, a chorros, comenzaron a salir de sus ojos. Escuchó la voz de

Perón: "¡Trabajadores!", decía y atrás los gritos de sus seguidores: "¿Dónde estuvo?". Y Eva, otra vez, lloró. Juancito Duarte, parado a su lado como un soldado, la abrazó.

Sólo cuando Perón volvió al departamento, sólo cuando Eva lo ayudó a sacarse el saco y le puso desde atrás, mientras él estiraba ambos brazos, su bata color vino tinto, sólo entonces Evita se dio cuenta de todo. Juan ya estaba en casa. Los trabajadores, los de la Plaza, se lo habían devuelto. Ahora se casarían, se irían muy lejos. A Chubut quizá. Él reía y la abrazaba y ella entraba en su pecho enorme y apoyaba su cabeza en el hueco de la axila y sonreía por primera vez. Eva volvía a estar delante de ese Perón memorioso, risueño, hablador, calculador. Era él otra vez. Seguro de sí, sin más temores.

Otra vez un bolso, otra vez Perón manejando su auto hacia San Nicolás. Dijo que necesitaba alejarse de la escena. Tomar perspectivas nuevas. Pensar.

Llegaron cansados y, a pesar de que Eva ya se había olvidado de la promesa, empezaron a planear la boda. Se casarían. Juan le dijo con la voz lo mismo que días atrás le había escrito con la pluma fuente.

Entonces desde allá, desde la quinta, se ocuparon de los pormenores de su matrimonio civil. Eva llamó a sus hermanas para que se ocuparan de ubicar su partida de nacimiento. No fue una tarea fácil, ella estaba inscripta con el apellido de su madre, pero cinco días más tarde, María Eva Duarte entregaba un papel acreditando su identidad para nacer, otra vez, de la mano de Perón.

La ceremonia fue sencilla. Un trajecito sastre del color del marfil y el cabello caído sobre los hombros. Un impecable ambo claro y el peinado a la gomina. Un brindis en el departamento de la calle Posadas. Domingo Mercante y Juan Duarte fueron los testigos de la unión. Una incógnita despejada, Eva ya no era la amante del militar sino la señora de Perón, la mujer legítima del coronel Juan Domingo Perón. Esa pequeña ceremonia era el pase de su marido al poder definitivo. Los militares, sus colegas, sus superiores, no tenían nada que objetar. Perón había cumplido con los reglamentos y Eva, con su sueño.

La boda religiosa fue en La Plata. La pareja quiso hacerla en la intimidad más cerrada pero el rumor trascendió y, debido a la aglomeración de la gente, que se acercó hasta allí para saludarlos, debieron suspenderla. Una semana más tarde, el 10 de diciembre, un Juan muy nervioso y una tranquila Evita, acompañados por los familiares más cercanos, pudieron llegar a La Plata al atardecer y colarse en la iglesia San Francisco por una puerta del costado. Había tanta gente que el novio propuso posponer la boda, pero Eva lo convenció de que entraran: "Es ahora o nunca, Juan".

Aunque Perón ya se había casado por iglesia con Aurelia Tizón, en los papeles presentados figuraba como soltero. Fue así como pudo acceder al sacramento por segunda vez. Juana Ibarguren y Domingo Mercante fueron los testigos. El jesuita Hernán Benítez, antiguo conocido de Perón y futuro confesor de Evita, celebró el oficio religioso.

La luna de miel fue corta pero amorosa. Se instalaron otra vez en la estancia de Román Subiza, en San Nicolás. Mientras le enseñaba a Eva a mezclar con huevos su aceite preferido para obtener una mayonesa perfecta, Perón planificaba su campaña proselitista.

> "Estábamos solos, sin visitas. Nos levantábamos temprano, tomábamos el desayuno y salíamos a caminar por la quinta. Nunca me maquillé en esos días, andaba a pura cara lavada, el pelo suelto, una camisa de él y un par de pantalones. Era mi atuendo favorito y a él le gustaba que estuviéramos así.

Algunas veces, de pura mandaparte, me metía en la cocina y preparaba una ensalada para acompañar un buen bife que preferíamos los dos. Lo que sí hacía era cebar mate por las tardes. Interminables ruedas que matizaban nuestras charlas. Mejor dicho las de él. Porque él pensaba en voz alta y yo escuchaba y aprendía. Por la noche, algo de música y a la cama temprano"[73].

Perón se lanzaba como candidato a la presidencia de la Nación y estaba por comenzar una gira por el país. Las charlas acerca de la estrategia que desplegaría junto a su equipo estaban matizadas por las cabalgatas que tanto le gustaban. Quizá fue la única semana que se disfrutaron uno a otro con total tranquilidad.

El 26 de diciembre, Perón partió de gira rumbo a Santiago del Estero. Evita, adornada con un sombrero repleto de flores de todos los tamaños, lo despidió en la estación Retiro. Dos días después, un grupo de fotógrafos la despedía a ella. Eva viajó para reunirse con su marido.

Brindaron con vasos baratos, por el Año Nuevo, escuchando música santiagueña. Evita, a esa altura, detestaba los solos de guitarra porque esa música le llevaba a Perón el recuerdo, todavía sensible, de Potota, su primera esposa.

El 1° de enero ya estaban en viaje hacia Rosario. En el tren, Evita decidió ocupar un discreto segundo plano. Sufrió el calor, permitió en cada parada que la muchedumbre tocara sus manos y besara su cara. Ahora estaba siempre de punta en blanco, maquillada y peinada. Desde la locomotora "La descamisada", Eva pudo verse en cada una de las personas que llegaban a recibirlos. Todos eran como ella antes

[73] Eva Perón a Vera Pichel en *Evita íntima*. Buenos Aires, Planeta Bolsillo, 1997.

de salir de Junín. Y esa visión no le gustaba. Se preguntaba por qué los demás no podían tener una oportunidad.

En viaje, Perón se alimentaba con una comida preparada por el personal del tren. Evita, en cambio, recibía con placer panes, frutas, verduras o pedazos de carne cocida que le acercaba la gente. Pero comía muy poquito y masticaba largo rato, pasándose la comida de un lado al otro de la boca. Estaba pálida. Sus colaboradores pensaron que estaba embarazada. Ella decía sentirse muy bien, de buen humor, relajada. Todo le causaba risa, hasta que su marido, en el camarote, tuviera sobre la mesa de luz un pequeño busto de sí mismo. A Perón, en cambio, le encantaba su figurita de yeso.

Después de la boda dejaron el departamento de Posadas y se mudaron a la casona de Teodoro García. Ambos intentaron seguir con la luna de miel, a cada momento interrumpida por cuestiones políticas, hasta que se interrumpió de lleno cuando el 24 de febrero la fórmula Perón-Quijano ganó las elecciones presidenciales. Fue ese día cuando Eva Duarte abandonó para siempre su carrera artística. Su última película, *La pródiga,* todavía no había sido estrenada.

Durante ese tiempo la pareja eligió instalarse los fines de semana en la quinta en San Vicente. Los sábados y domingos, Eva volvía a usar el pelo suelto, sandalias chatas con zoquetes blancos y las enormes camisas de Perón. Al caer el sol, montaban a caballo. Juan subía a Mancha y Eva a Esterlina, su yegua. Iban al paso, charlando como si se hubieran conocido un rato antes.

El 4 de junio Perón asumió la Presidencia y fue promovido a general de brigadas al tiempo que Eva comenzó su actividad política. Domingo Mercante le cedió su secretaria privada y a la vez amante quien, a esa altura, ya había sido nombrada secretaria gremial de la Presidencia. Era Isabel

Ernst, una bella mujer de cabello rubio natural y ojos muy claros, que había sabido establecer relaciones fluidas con la mayoría de los sindicatos del país. Hacía tres años que Evita era la mejor alumna de Perón. Pero había llegado el momento de cambiar de maestros. Fue Isabel quien le dijo: "El que hacemos acá es un trabajo muy lindo para usted, señora" y le enseñó todo.

La pareja se volvió a mudar. Esta vez a la residencia presidencial, el Palacio Unzué, ubicado en Libertador y Austria. Fue el mismo día en que se realizaba un banquete en honor al nuevo presidente.

Eva, para esa noche tan especial, quiso trascender los límites de su modisto Paquito Jaumandreu y por eso le pidió a Ricardo Guardo que la acompañara hasta una casa de modas. Fueron a lo de Bernarda, una mansión de alta costura. Eva, después de probarse toda una tarde, terminó decidiéndose por un traje gris que dejaba su hombro izquierdo al descubierto. Nada protocolar. Y esa noche lució como nunca la línea de su cuello ante los ojos pequeños y entrecerrados del cardenal Copello. Dio mucho que hablar esa noche aunque sus detractores nunca se enteraron de que, apenas volvió a la residencia, la mujer de veintiséis años corrió al baño, se sacó el vestido y desarmó su peinado y apareció ante Perón con un enorme pijama azul y dos trencitas caídas sobre la espalda. Antes de dormir, jugaría con su marido la primera de sus famosas carreras, que más adelante debería suspender por sus constantes hemorragias. Ambos se deslizaban por cada una de las barandas de mármol de la escalera del palacio. Lo hacían los dos al mismo tiempo, o de a uno, tomándose el tiempo con un reloj.

La vida para Evita había cambiado. Era una aprendiz acelerada. Antes de tener su lugar definitivo en la Secretaría de Trabajo y Previsión, se instaló en el quinto piso de la

Dirección de Correos, donde su querido protector y protegido Nicolini le cedió una oficina. Iba secundada por Isabel Ernst, a quien citaba en la residencia todos los días a las seis y media de la mañana, atendía y escuchaba los pedidos de la gente que se acercaba para hablar de sus necesidades. La Evita del futuro comenzaba a tomar cuerpo.

Con el correr de los días, fue armando su rutina y designando su propio equipo: el secretario personal Atilio Renzi, el peluquero Julio Alcaraz, su ama de llaves Irma Cabrera y la manicura, Sara Gatti. Lilian Lagomarsino de Guardo, la esposa de Ricardo Guardo, le pareció a Eva, desde la primera vez que la vio, una mujer de lo más distinguida. Por eso decidió atraerla para su causa: a ella le preguntaría todo lo concerniente a la moda y al protocolo. Gracias a Lilian, Eva conoció las bondades de la alta costura de Paula Naletoff, de Henriette, de Ema de Saint Felix y del sastre Luis D'Agostino. Henriette puso a disposición de la esposa del presidente a María Asunción Fernández. Al principio Eva iba a la mansión pero después "Asunta" se trasladaba a la residencia. La confianza fue creciendo entre las mujeres y años más tarde, Eva la enviaría a Europa dos veces por año para buscar vestidos.

A las siete de la mañana, Eva tenía los ojos abiertos. Su personal entraba todos los días al cuarto en el mismo orden de aparición. Después de la salida de Perón, que se levantaba a las cinco y media, hacía una rutina de ejercicios físicos y a las siete ya estaba ocupando su despacho en la Rosada, comenzaban para Eva las reuniones informales de trabajo.

Atilio Renzi, el administrador de la residencia, le llevaba la correspondencia y hacía pasar a Isabel al cuarto. Su ama de llaves se ocupaba del desayuno, un café cortado que Eva tomaba en bata en una especie de antesala de la habitación matrimonial, mientras elegía el vestuario que usaría durante la mañana. Gatti cargaba los esmaltes: Helena Rubinstein colorado o blanco nacarado, según los compromisos que marcara la agenda.

A media mañana partían a la oficina. Durante los primeros meses de casada, todos los mediodías, Eva se encontraba con Perón en la residencia o lo pasaba a buscar por la Rosada. Almorzaban livianito y cuando Juan se retiraba a la habitación a hacer la siesta, ella partía de vuelta a la oficina. Por supuesto, mientras estaban juntos, hablaban sólo de trabajo. El tema que entonces obsesionaba a Eva era la aprobación de un proyecto de ley a favor de los derechos cívicos de la mujer. Los primeros tiempos también se encontraban a cenar.

> "Juan llegaba cansado y escuchaba mis consultas con aire lejano. Todos los días, el regreso a casa era una ceremonia, yo le contaba lo que había hecho y él me aconsejaba en las respuestas. De este modo quedaba todo ordenado con mi mediación porque quien resolvía era él. (...) Tomamos un café y nos fuimos a la cama. Él era de acostarse temprano porque madrugaba. Yo ya estaba acostumbrada..."[74].

Con el tiempo dejaron de verse, cada uno comprometido con sus propias obligaciones. Sin embargo, hablaban por teléfono varias veces por día. De hecho, Eva jamás tomaba una decisión sin que Perón le diera el visto bueno.

La rutina semanal se desarrollaba sin demasiados sobresaltos. Hasta que un día Perón la modificó. Eva, que era fanática de los sombreros y zapatos hechos a medida, comenzó a citar, por las mañanas y con cierta regularidad, a uno de los dueños de la tradicional sombrerería Lagomarsi-

[74] Eva Perón a Vera Pichel en *Evita íntima*.

no, quien además era pariente lejano de la esposa de Ricardo Guardo. La Señora, como la llamaban sus empleados, pedía a su ama de llaves que lo llevara hasta su habitación y allí permanecían, solos, un buen rato. Se conocían bien. Él era un *bon vivant* y ella había visitado varias veces su bulín de la calle Corrientes.

Nunca supo Eva quién la transmitió ni cómo le llegó la información a Perón pero sí sintió su enojo en carne propia. El general tuvo un terrible ataque de celos que solucionó prohibiéndole la entrada a "Laguito" a la residencia. Tanta presión metió Perón con su furia que el sombrerero decidió irse del país. Fue Isabel Ernst la que acompañó a Eva a la casa de "Laguito" para que se despidieran[75]. Al volver, su afición a los accesorios hizo que, inmediatamente, mandara a que le consiguieran un nuevo sombrerero. Le presentaron a un muchachito francés, de la misma edad e inclinaciones que su querido Paquito.

Después del episodio de "Laguito", ella acató la decisión en silencio y durante un tiempo trató con cierto rencor a Perón, pero entre ellos jamás discutieron. El tema quedó ahí. Ninguno preguntó nada al otro pero Eva, a su manera, se vengó. Dejó de ir a la residencia para almorzar con su marido y se volcó con más energía que nunca al trabajo. Perón, en cambio, retomó una vieja costumbre que la pareja tenía cuando vivían en Posadas y empezó, otra vez, a presenciar las pruebas de ropa de Eva. No influía en sus elecciones, pero le gustaba mirarla. Se divertía.

"Perón me guiñó un ojo y yo me quedé sentado, muy piola. Cuando Eva apareció me sonreí: 'Bonito, precioso, está muy

[75] Reportaje de Ana Echenique a Isabel Ernst. Revista *Nueva*, on line.

bien hecho. Parece un alcaucil, Eva'. Y Perón, muerto de risa, dijo: 'Eso, justo, diste en la tecla. Sabés que le había visto algo de verdura. Pero estaba entre el alcaucil y el espárrago'"[76].

La vida de pareja, la de enamorados, se prolongó apenas unos meses más. Cada uno estaba sumergido en su propia rutina y cuando se encontraban hablaban de lo mismo. Ya no había tiempo ni espacio para su amor de pareja.

En 1947 Perón, a través de José María Areilza, conde de Motrico y nuevo embajador de España en la Argentina, recibió una invitación del generalísimo Franco para visitar su país. Perón no podía viajar pero no descartó la invitación y le pidió a su mujer que lo representara. A Eva la idea de estar dos meses lejos de su marido la angustió. Aunque cada uno vivía en su mundo, ella nunca se había separado tanto tiempo de Perón. Estaba feliz por el viaje pero sentía temor. Tanto que apareció en su cabeza, por primera vez, la idea de la muerte. Tenía miedo de morir. Pero ése no era el único miedo: se había enterado de que Rudi Freude, jefe de la Dirección de Informaciones de Presidencia, estaba investigando su pasado, el mismo que ella se ocupaba prolijamente de borrar. Así, antes de subir al DC-4 de Iberia, le dio un beso a su marido y, sin decirle nada, pensó que esa misma noche le escribiría una carta negando cualquier versión que pudieran darle.

"Querido Juan: salgo de viaje con una gran pena pues lejos de ti no puedo vivir. Yo tal vez no sepa demostrarte todo lo

[76] Paco Jaumandreu: *Memorias. La cabeza contra el suelo.* Buenos Aires, Corregidor s/f.

que siento pero te aseguro que luché mucho en mi vida por la ambición de ser alguien. (...) Juancito querido, perdoname estas confesiones pero es necesario que sepas en el momento en que parto y estoy en manos de Dios, y no sé si no me pasa ningún accidente, que tu mujer, con todos sus defectos, tú llegaste a purificarme porque vivo por ti. (...). De Rudi, cuidado, le gustan los negocios. Yo lo que quiero es tu nombre limpio, Juan, como tú eres; además es doloroso, pero debes saber lo que mandó a hacer en Junín (...). Te juro que es una infamia (mi pasado me pertenece pero a la hora de mi muerte debes saberlo, es todo mentira), es doloroso querer a los amigos y que paguen así. Yo a ti no te puedo dejar engañado; no te lo dije al partir porque ya tenía bastante pena al separarme de ti para aumentar aun ésta. Muchos besos, besos, besos. 9 de junio de 1947. Evita."

Capítulo XIII

Mientras estuvo en Europa, Eva pensó mucho en Perón. La distancia la sumergió en una especie de nostalgia que aparecía justo en el momento en que apoyaba la cabeza sobre la almohada. Las llamadas diarias no le alcanzaban para ponerse al día con las novedades. Eva quería saber cómo estaba todo en Buenos Aires y Perón quería saber cómo estaba ella, allá.

Las actividades eran agotadoras pero cuando llegaba la noche, Evita no podía dormir. Se acostaba y a los pocos minutos, desde su cama, pegaba un grito. "*Lilian, dele, venga a mi pieza y charlamos un rato. Cuénteme algo, Lilian, que no me puedo dormir*." La mujer y madre de tres niños y un bebé, que había aceptado el viaje contra su voluntad merced a las súplicas de su marido, se sentaba al lado de la cama y la arrullaba con palabras. Sólo después de un largo rato lograba que se durmiera.

Eva no tuvo mayores sobresaltos en el viaje. Lo más cansador para ella eran las cuestiones protocolares, las imparables rondas nocturnas de su hermano Juan y los enojos con Alberto Dodero. En Buenos Aires, el empresario ofreció pagar los gastos extra del viaje y Perón, sin dudarlo, lo incluyó en la comitiva oficial.

Una noche en París, Alberto y Eva volvían de una comida. De repente él hizo parar el auto frente a un cabaré y la invitó a bajar, pero ella se negó. "Dejate de joder, Dodero, yo ahí no entro." En la habitación de un hotel en Italia, la esposa de Perón fue más contundente y le tiró un zapato por la cabeza. Estaba muy cansada, irritable y su salud algo resentida. Por eso se había tomado unos días para descansar de los compromisos oficiales. Y aunque Dodero lo sabía, le pedía con insistencia que aceptara la visita de un amigo suyo, uno muy querido. Día y noche le insistía, hasta que, harta de escucharlo, aceptó. En la residencia que Dodero tenía en Biarritz, Eva recibió a Aristóteles Onassis. Llegó con un ramo de orquídeas en la mano, almorzaron, y se fue con 10.000 dólares menos. El magnate griego le regaló un cheque a la primera dama para los huérfanos de la Argentina. Dodero, a fin de cuentas, estaba contento. Y Evita también[77].

Después del viaje, Eva nunca volvió a ser la misma. Había pasado por España, Italia, Francia, Suiza, Portugal y también por el Brasil. En cada lugar fue tratada como una reina. Pidió recorrer los barrios más pobres y ayudó a gente que no era su gente. Sintió que el mundo la necesitaba y regresó distinta a la Argentina. En Europa, la aprendiz de Perón tomó cuerpo y volvió para cambiarlo todo. Nada ni nadie se lo podría impedir. En su interior resonaban todavía los cañonazos de bienvenida que hizo sonar Franco cuando la vio bajar del avión en Barajas. Le daban impulso los cañonazos. Le daban valor.

[77] Joseph A. Page: *Perón. Una biografía*. Buenos Aires, Debolsillo, 2005.

Pero su exterior cambió también. Los vestidos floreados, repletos de alforzas y tablitas, se los regaló a su ama de llaves Irma Cabrera. Su vestidor se llenó de viriles trajes sastre. Cambió sus rulos dorados y las enormes bananas que coronaban su amplia frente por el cabello tirante, recogido en la nuca. No descuidó su elegancia pero, después del viaje, no volvió a vestir a la moda. En Europa, en cambio, fue mujer coqueta y completa. Cubrió la ausencia de Perón con vestidos exclusivos, peinados, maquillaje y con valiosas joyas, que guardaba en dos valijas que estaban bajo la custodia de Lilian. Cubrió la falta de su hombre con frivolidad. Programó cada uno de los atuendos, muchas veces ignorando los consejos de Juana y de Asunta, las sumisas encargadas de su guardarropa. Christian Dior llegó a decir de ella: "En mi vida, a la única reina que vestí, es Evita".

Y la reina, apenas puso un pie en Buenos Aires, se despojó de todo. Nunca más volvió a sentir que necesitaba que los demás aprobaran su lado femenino, ni siquiera su marido. Evita regresó de Europa con la Gran Cruz de diamantes de Isabel la Católica en el pecho y se convirtió en soldado de su causa, en repartidora de justicia[78]. Y para eso decidió montar una maquinaria: la Fundación Eva Perón. "Si necesitan algo, tómenlo" decía a los pobres "porque todo es de ustedes".

Cuando volvió a sentarse en la Secretaría de Trabajo, las cartas diarias llegaban a tres mil. El despacho en el que realizaba las audiencias era ruidoso. Nunca había menos de veinte personas: tres edecanes, dos secretarias y un par de

[78] El 23 de septiembre de 1947 Eva celebró, en un acto organizado por la CGT, la promulgación de la ley 13.010 que otorgaba el voto a la mujer.

ministros, diputados, senadores. Eva era una gran fisonomista y a todos los llamaba por su nombre. "Che, vení, sentate al lado mío", era su frase preferida. Primero atendía a los gremialistas que le llevaban listas con las vacantes que existían en ministerios y secretarías. Luego a las familias. Cada uno de los que entraba al despacho se iba con lágrimas en los ojos. Eva, hermosa detrás de su escritorio lleno de carpetas y teléfonos de baquelita, repartía sin parar. Un trabajo, unas chapas, una casilla, una máquina de coser, una operación en el exterior, una pensión, una esperanza. Salía de madrugada. Dormía cuatro horas. A veces, entrada la noche, atendía descalza: "Discúlpenme, muchachos, es que estoy muy cansada... Tengo que descalzarme a veces... Es que llevo más de veinte horas en pie"[79]. O se arrodillaba en la silla y apoyaba los brazos en el respaldo para estirar la columna mientras daba instrucciones a su gente.

El 19 de junio de 1948, con un capital personal de 10.000 pesos, inauguró oficialmente la Fundación Eva Perón, nacida en el garaje de la residencia presidencial. Y ese mismo día, en la vida matrimonial de Perón y de Evita, se abrió un paréntesis que jamás, ninguno de los dos, volvió a cerrar. Eva multiplicó su trabajo y Perón su poder. Ella alteró su rutina conforme a la gravedad de los problemas que iban apareciendo y él no la modificó en nada. Los almuerzos de Eva fueron, en ese tiempo, en la Secretaría. Pasadas las tres de la tarde, sus colaboradores la sacaban a la rastra de la oficina y le daban algo de comer. Perón, a esa hora, se levantaba de su siesta en la residencia y se

[79] Eva Duarte a Cátulo Castillo durante un encuentro en la Secretaría de Trabajo. Extraído de Vera Pichel: *Evita. Testimonios vivos*. Buenos Aires, Corregidor, 1996.

preparaba para volver a la Rosada. No volvieron a verse durante el día.

Las necesidades de la gente se convirtieron en exigencias para Evita y ella sintió que no podía perder tiempo en cuestiones ajenas al trabajo. Comenzó a usar la noche para continuar su tarea. Dejó de cenar en la residencia. Atrás quedaron menúes como los pucheros de rabo, las salchichas con chucrut, adorados por Perón. Eva se contentó con las milanesas que le dejaba el encargado de la cocina en la heladera. "No las saques, me las como frías, así me gustan más", le pedía por teléfono.

Muchas veces, Perón salía para la Casa de Gobierno y Eva todavía no había tocado la cama. Fue así como empezaron a comunicarse por medio de notitas que su marido acompañaba siempre con un ramito de flores.

> "Vanamente, Perón buscaba en ella ternura, sólo le retribuía con política"[80].

A pesar de los desencuentros, Perón y Eva parecían amarse profundamente. Se entendían en sus destiempos y vivían compenetrados y comprometidos con las ideas que consideraban definitivas y trascendentales. Perón la besaba en la frente y siempre tenía para ella palabras de cariño: "Flaca", "Negrita", "Chinita", "Chola".

En los años que siguieron, la rutina diaria se mantuvo estática. Sólo los jueves, el día en que se proyectaba cine en la residencia, Eva dejaba sus asuntos y llegaba a tiempo para compartir una película con Perón. A él le gustaba que

[80] Testimonio de Ricardo Guardo en "Historia del peronismo", *Primera Plana*, diciembre de 1966.

Eva estuviera a su lado. Ella lo sabía y respetaba su deseo. Era lo único que, por esos tiempos, la alejaba de sus durísimos quehaceres. Lo hacía con placer, aunque pasadas las nueve de la noche, cuando Perón subía a la habitación, ella se reunía con sus colaboradores. Los citaba para cenar y seguir trabajando en la cocina de su casa.

Las idas a San Vicente tampoco se habían interrumpido, pero Perón le había impuesto a Eva una restricción: ella tenía prohibido hablar por teléfono. Cuando él caminaba por el parque, mirando cada uno de los árboles, su esposa se escabullía y corría a toda velocidad a su habitación para llamar por teléfono.

En 1949, Evita comenzó a tener la idea extraña de que el tiempo no le alcanzaba. Dormía cada vez menos, comía peor, quería estar en todas partes al mismo tiempo. Ella entregaba la ayuda en los barrios más pobres, seguía las obras de la Fundación, visitaba un hogar de tránsito, se reunía con los miembros de la CGT. Una mañana, en la residencia, le dijo a su secretaria Isabel Ernst: "Isabelita, soñé que me moría. Me enterraban con todos los honores y me velaban en el Congreso". Fue la misma mañana cuando desde el baño, le pegó el grito: "¡Vení, Isabel, vení a ver! Isabel corrió al baño y se detuvo antes de cruzar la puerta: "Mirá las pérdidas que tengo". La secretaria le sugirió, con temor, que consultara a su médico. "¡Sos una cagona!", le dijo Eva riendo mientras se sacaba la ropa de cama manchada con sangre.

El 9 de enero de 1950, con 38 grados de calor, en el acto de inauguración del Sindicato de Conductores de Taxi, en el Puerto de Buenos Aires, Eva se desmayó.

"¡Operaciones no!", le gritó Eva a su marido desde la cama matrimonial de la residencia. "No te das cuenta, Juan. Quieren inventarme enfermedades para sabotear mi gestión." Perón talló fuerte y, por fin, la convenció. Su médico personal y a la vez ministro de Educación, Oscar Ivanissevich, decidió trasladarla al Instituto del Diagnóstico para hacerle más estudios. El 12 de enero Eva Duarte entró al quirófano con un cuadro de apendicitis. Sin embargo, durante la cirugía, Ivanissevich pudo ver otros signos que correspondían con el cuadro que tenía Eva. En privado le sugirió a Perón: "No fue posible definir las causas de los dolores experimentados por la Señora sobre las caderas, en la fosa ilíaca derecha, por lo que aconsejé realizar una histerectomía".

Perón lo supo todo de golpe. Ya lo había sufrido con su primera mujer, Aurelia Tizón. "Cáncer", pensó, y no supo qué hacer. El general conocía de memoria, paso por paso, cómo se iría desenvolviendo la enfermedad. Sabía cada momento del proceso que le acababan de anunciar. Sabía el final también, y tal vez por eso, porque lo conocía al detalle, es que a Eva la dejó hacer. No la quería internada como la tuvo a la "Potota". La dejaría ser y hacer y la vigilaría de cerca. Se convenció de que era lo mejor.

Cuando volvió a la residencia, Eva pidió que la instalaran en una habitación contigua a la que, hasta ese momento, compartía con Perón. Sabía que iba a necesitar una atención especial y no quería molestarlo.

Diez días más tarde, Eva se sintió recuperada y salió con su chofer a buscar a Perón a la Casa Rosada. Una semana después, volvió a su despacho y trabajó cada uno de los días de aquel verano insoportable. Hasta marzo. Faltó a su oficina sin aviso y suspendió un viaje al interior. La prensa dio cuenta de una angina gripal pero, en verdad, Eva tuvo fuertes hemorragias, sus tobillos comenzaron a hincharse y voló, como nunca antes, de fiebre.

El doctor Ivanissevich volvió a la carga: "Mire, Eva, debemos operarla nuevamente. ¡Señora! ¡Por favor, déjese curar!". Eva se puso de pie y después de darle un carterazo en la mejilla, taconeó hasta la puerta gritando. "¡Yo no estoy enferma. A mí no me tocan!". Esa misma tarde, Ivanissevich renunció a su cargo. El médico sabía bien que sin una nueva intervención, la enfermedad que padecía la esposa del presidente sería fatal.

Ella siguió trabajando. Y Perón, que sabía bien lo que le estaba pasando, apenas le pedía, con tibieza, que se cuidara. "¡Eva, la hora, Eva!" "Tenés que descansar más, Evita." Pero ella giraba por sus Hogares de Tránsito. Trajecito sastre. Medias claras, muchos prendedores con forma de escarabajos, mariposas, estrellitas, en la solapa del saco. "¿Comieron bien? ¿Está limpia la casa?", preguntaba a los chicos, siempre sonriendo.

El afanoso y arduo trabajo de Eva Perón hizo que un rumor comenzara a sobrevolar Buenos Aires. Se acercaban tiempos de elecciones. Un día de 1951 comenzó a correr la versión de que Eva sería vicepresidente de Perón. Y el rumor, de repente, sin que Perón y Eva lo hubieran hablado nunca, tomó cuerpo.

El 22 de agosto de 1951 encontró a una Eva delgadísima y demacrada frente a una realidad: más de un millón de trabajadores, convocados por la CGT en la avenida 9 de Julio, pedían a gritos que fuera candidata a la vicepresidencia de la Nación. Ella no estaba ahí, sus fuertes dolores en el vientre la habían obligado a permanecer en la cama. Pero la multitud bramó: "¡Evita! ¡Evita!". Perón estaba desconcertado. La gente había quedado inmóvil esperando la aparición de su mujer. José Espejo, secretario de la CGT, tomó el micrófono y gritó: "General, notamos la ausencia de su esposa que no tiene igual en el mundo, en la historia, en el amor y en la veneración del pueblo argentino. Compañeros, no podemos continuar sin la presencia de Eva Perón".

La fueron a buscar. Ella respondió en el acto. Se ilusionó tanto que se puso uno de sus trajes preferidos y mandó llamar a Julio para que le retocara el cabello. Estaba débil pero pondría todas sus fuerzas para complacer a su pueblo. Cuando llegó al palco y vio tan inmensa concentración de gente, Eva comenzó a hablar. La interrumpieron decenas de veces, le pidieron que aceptara ir con Perón en la fórmula presidencial. Su marido también la interrumpió. Tomó el micrófono y habló, pero casi no fue escuchado. La multitud siguió gritando: "¡Que hable la compañera Evita!". Y ella, emocionada como jamás lo había estado, respondió: "Compañeros... Yo no renuncio a mi puesto de lucha. Yo renuncio a los honores... Esta noche, a las nueve y media, por la radio".

Cuatro días tardó en anunciar por radio su renuncia "irrevocable y definitiva". Cuatro días en los que coqueteó con la idea de ser vicepresidente. Pero, a Perón, Eva en ese cargo no le servía. Y las Fuerzas Armadas no la querían ahí. Así se lo plantearon dos generales con tenor de cuestión de Estado. Perón fue claro con su mujer: "Imposible, Evita, estás enferma y además el Ejército nunca te aceptará en ese puesto". Después de las palabras de Perón, Eva cayó en cama. Sintió en su corazón que, por primera vez, su marido la abandonaba. Y se decía: "Yo no soy como él. Yo no lo voy a abandonar jamás".

Desde la renuncia de Ivanissevich, el doctor Méndez se ocupaba personalmente de la salud de Eva. Pero no daba abasto. Así, el 21 de septiembre le presentó al doctor Jorge Albertelli, quien se instaló en la residencia presidencial. Ocupó la habitación que estaba reservada para las noches en que Juancito Duarte quería quedarse ahí. Albertelli no sólo tenía que lidiar con Eva, quien desayunaba a escondidas antes de los exámenes que debía realizar en ayunas, o se ponía el termómetro al revés para que no marcara la fiebre. Albertelli también tenía la orden de darle los partes médicos a Perón.

El 28 de septiembre, el general Benjamín Menéndez encabezó un intento de levantamiento contra el gobierno. Ese mismo día, un comunicado de la Subsecretaría de Prensa informó: "La enfermedad que aqueja a la señora de Perón es una anemia de regular intensidad, que está siendo tratada con transfusiones de sangre, absoluto reposo y medicación general". Pero a Evita, en ese momento, el equipo médico le colocaba un dispositivo con *radium*, "preparado para reducir la extensión del tumor, y si las condiciones locales mejoran efectuar una operación de Werthein-Meigs para tratar de formar un efecto curativo, complementándolo con las radiaciones transcutáneas de acuerdo con el método clásico"[81].

En medio del procedimiento, Eva se enteró de la noticia de la revuelta militar y se peleó con el médico. "Si el Ejército no lo quiere, lo defenderá el pueblo. Tengo que irme de acá". Y tanto pulseó que al caer la noche le permitieron grabar, desde su cama, un mensaje al pueblo, que se transmitió por Radio Nacional. Eva quería levantarse y volver a trabajar. Sentía que Perón necesitaba su presencia, y él sólo la miraba con mansedumbre sureña y le decía, apoyándole una mano en la frente: "Mirá, Negrita, debés hacerle caso a las indicaciones de tus médicos". Y ella, mirándolo fijo a los ojos, le respondía: "No me van a tocar, ¡los doctores son un instrumento de la oligarquía que me quiere eliminar!".

Al día siguiente convocó, en estricto secreto, a sus colaboradores más cercanos. José Espejo, Isaías Santín, Flo-

[81] Jorge Albertelli: *Los cien días de Eva Perón*. Buenos Aires, Cesarini Hermanos Editores, 1994.

rencio "el Gallego" Soto y el ministro de Guerra Juan Humberto Sosa Molina, de pie alrededor de la cama, la escuchaban sin entender. En abril de ese año, Eva había convencido al príncipe Bernardo de Holanda de que le vendiera cinco mil pistolas automáticas y mil quinientas ametralladoras. El momento había llegado. Los fondos saldrían de la Fundación. "Hay que armar cuadros obreros, muchachos. Hay que proteger a Perón", les ordenó.

El reposo duró hasta el 17 de octubre. Eva se empeñó en estar en el balcón de la Casa Rosada junto a Perón. Su marido tenía previsto condecorarla con la Gran Medalla Peronista en Grado Extraordinario, y ella no podía fallar. Sabía que era su último 17 de octubre. Vistió *tailleur* de terciopelo oscuro y apenas se maquilló. El doctor Raúl Mendé le aplicó varias dosis de calmantes para que pudiera mantenerse en pie. Ante una Plaza de Mayo desbordante, Perón empezó su discurso:

> "Ella, durante seis años, me ha mantenido informado al día de las inquietudes del pueblo argentino. Ese maravilloso contacto de todos los días, en la Secretaría de Trabajo y Previsión, donde ha dejado jirones de su vida y de su salud, ha sido en holocausto a nuestro pueblo, porque ha permitido que, a pesar de mis duras tareas de gobierno, haya podido vivir todos los días un largo rato en presencia y contacto con el pueblo mismo. Aparte de todo ello, ha tenido con su tino más maravilloso la guardia de mis propias espaldas, confiadas a su inteligencia y a su lealtad que son las dos fuerzas más poderosas que rigen el destino y la historia de los hombres"[82].

[82] Discurso de Perón en el acto de entrega de la Gran Medalla Peronista en Grado Extraordinario pronunciado el 17 de octubre de 1951 en Plaza de Mayo.

Eva, sin sacarle los ojos de encima, lloró con cada palabra pronunciada. Fueron lágrimas de la más pura inocencia. Sólo atinó a buscar cobijo poniendo su cabeza sobre el pecho generoso de su marido. Entonces, la multitud la arengó y entre sollozos Eva les respondió:

> "Mis descamisados: yo quisiera decirles muchas cosas, pero los médicos me han prohibido hablar. Yo les dejo mi corazón y les digo que estoy segura, como es mi deseo, de que pronto estaré en la lucha con más fuerza y con más amor, para luchar por este pueblo al que tanto amo como amo a Perón. Y les pido una sola cosa: estoy segura de que pronto estaré con ustedes, pero si no llegara a estar por mi salud, cuiden al general, sigan fieles a Perón como hasta ahora, porque eso es estar con la Patria y con ustedes mismos. Y a todos los descamisados del interior, yo los estrecho muy cerca de mi corazón y deseo que se den cuenta de cuánto los amo".

La contienda electoral estaba comenzando y la fórmula Perón-Quijano volvía al ruedo con Eva casi desahuciada. Después de su aparición en el balcón de la Rosada, se resignó a pasar los días en su cama. No podía hacer otra cosa. No podía más.

Perón, en tanto, ordenó al equipo médico realizar interconsultas. A Mendé y a Albertelli se sumó el doctor Abel Canónico, director del Instituto de Oncología Ángel Roffo. Ellos se ocuparon de tomar contacto con un especialista norteamericano, el doctor George T. Pack.

Del cuerpo de Eva habían desaparecido las hemorragias y los dolores, pero su fragilidad la obligaba a caminar arrastrando los pies. Los médicos, en tanto, decidieron quitarle el dispositivo de *radium*.

Antes de ir a la Rosada, Perón la saludaba con un beso en la frente. Eva, débil, se volvía a dormir hasta las nueve de la mañana. Todos los días Irma entraba al cuarto con una bandeja con café con leche, tostadas, medialunas, mermeladas y un vaso lleno de jugo de naranja. Llegaba Julio Alcaraz para desarmarle las trenzas, cepillar su largo cabello y luego volver a trenzarlo. Atilio Renzi aparecía último y le llevaba las novedades.

Durante esos días, Eva no se movía de su cuarto. Allí almorzaba y cenaba y, en ocasiones, Perón la acompañaba. "Andá, Juancito, andá a descansar", le decía, amorosa.

Los médicos decidieron una nueva operación. Evita fue trasladada al Policlínico Presidente Perón, en Avellaneda, que dirigía Ricardo Finocchietto. El viaje de Pack había sido gestionado a través de la embajada de los Estados Unidos. La operación y los dos días de consulta le costaron a Perón 10.000 dólares. Juan Duarte fue el encargado de recibir al especialista en el aeropuerto.

Eva entró al quirófano el 6 de noviembre y la cirugía distó de ser exitosa. Al postoperatorio se sumó la indicación de radiación hasta el 31 de diciembre. Eva, dolorida y con las uñas pintadas de rojo pasión, votó por primera vez, desde la cama del hospital. Perón volvió a ganar las elecciones. Se abría un nuevo camino en la Argentina y Perón era su conductor otra vez. Evita estaba fuera de esa carrera y por eso, al regresar a la residencia, pidió que la cambiaran de habitación. Ya no quería estar cerca de Perón.

Irma y Renzi le prepararon un cuarto pequeño. Había cambiado la que daba a la avenida Libertador por otra, con una sola ventana, que daba al jardín. Además de la cama, había un tocador con espejo ovalado, dos sillas y mesitas con remedios.

Como encargado de la radioterapia, Mendé nombró al doctor Jorge Malenquini. Eva nunca se olvidó de él. Después de varias aplicaciones, se le empezó a caer la piel. En la nuca se le formó una herida que le causó tanto dolor como las puntadas en la ingle.

La familia Duarte y los colaboradores montaron una escena para distraer a la enferma. Eva bajaba de peso todos los días y todos los días tenía la costumbre de pesarse. Entonces, por orden de Perón, le tocó a Renzi la tarea de falsear la balanza que había en el baño. En los últimos meses de vida de Eva, fue trucada a tal punto que llegó a pesar diez kilos de más.

En su cama pasó la Navidad y el Año Nuevo. Pasó el verano y el otoño. Siempre con la misma rutina y de peor en peor. A veces se despertaba a medianoche y, traspasada por el miedo, llamaba al padre Hernán Benítez por teléfono y le pedía que rezaran juntos el rosario. Durante el día mantenía el humor. Perón la visitaba dos o tres veces: cuando salía para la Rosada, cuando volvía y antes de irse a dormir.

El 1° de mayo, obstinada y casi sin fuerzas para mantenerse en pie, quiso acompañar a su marido a Casa de Gobierno y pronunciar el que sería su último discurso. En el balcón, Perón tuvo que sostenerla con ambas manos de la cintura.

> "Yo le pido a Dios que no permita a esos insensatos levantar la mano contra Perón, porque ¡guay de ese día!, mi general, yo saldré con los descamisados de la Patria para no dejar en pie ningún ladrillo que no sea peronista."

Eva, temblando por los cuarenta grados de fiebre, gritaba sus palabras mientras el general, con lágrimas en los ojos, le suplicaba al oído: "Basta, Evita, pará. Esto te hace mal, Negrita. Basta ya".

Lejos de estabilizarse, Eva empeoraba cada día. Los turnos de voluntarios para cuidarla se engrosaron. Renzi estaba a su lado día y noche. A esa altura le retaceaba los diarios y todas las revistas; sólo le dejaba sobre su mesita un ejemplar de la historieta *El Tony*. Juancito no se despegaba de su lado. Las hermanas se repartieron ocho horas cada una. A doña Juana sólo la dejaban verla un rato. Eva protegía a su madre y sabía que le hacía mal verla así. Oscar Nicolini y Raúl Alejandro Apold se sumaron al grupo. Tres veces por semana, Sarita Gatti llegaba para arreglarle las manos.

El 7 de mayo la rutina se cortó. Eva cumplía treinta y tres años y en la residencia había festejo. Además, Ema Nicolini, la hija de su querido Oscar, se casaba al día siguiente y había querido agasajarla con una pequeña despedida de soltera. La fiesta fue corta y tranquila. Eva le obsequió a la novia una de sus tres pulseras de diamantes. "Andá, Ema, subí a mi pieza y vas a ver sobre la mesita tres pulseras. Son mías las tres, las compré. Elegite la que más te guste. Es mi regalo de bodas y mi recuerdo." Perón y Eva fueron elegidos como padrinos de la ceremonia que se realizó el día siguiente en la iglesia San Francisco. El 8 de mayo por la mañana, Eva citó a Asunta para que la ayudara con el vestido que se pondría esa noche. Pero dos familiares de la novia tuvieron que reemplazar a los padrinos. Eva empeoró y no pudo salir de su cama.

Una semana antes del 4 de junio, el día en que Perón asumió por segunda vez el cargo de presidente, Eva comenzó a preparar su estrategia. A toda costa quería estar al lado de Juan. Comió lo que le dieron, tomó los remedios y hasta dejó de pesarse. Tuvo una leve mejoría y Perón accedió a que lo acompañara. Un par de horas antes de subir al auto presidencial, discutieron. "No voy a ir sentada, Juan, si vos vas parado, yo voy parada al lado tuyo. Que me pichicateen otra vez, Juan, tengo que aguantar parada. Lo voy a hacer, ni una palabra más." Perón ordenó que le fabricaran una suerte de arnés en el que Evita se apoyaría para viajar parada a su lado. Ella protestó pero se apoyó en la construcción de hierro y salió. El 4 de junio, envuelta en un tapado de piel, al lado de un Perón uniformado y reluciente, Eva Duarte salió de su casa por última vez. Lloró de emoción durante todo el trayecto, soportó la ceremonia y llorando se despidió de su gente. Se despidió de la vida.

Eva entró en coma. El 18 de julio. Los médicos la revisaron y lo confirmaron. Una horda de gente, familiares y colaboradores, comenzó a llegar a la residencia. Todos se prepararon para lo peor. Pero a las pocas horas ella despertó: "¿Qué me pasó? Tengo que dejar la cama", dijo y se levantó.

El 22 de julio Eva le pidió a su hermana Erminda que estuviera más cerca de ella. "Chicha, las horas más difíciles son aquellas entre las once de la mañana y las nueve de la noche. Quiero que durante esas horas estés conmigo y por eso te voy a cambiar el horario". Dos días después le dijo: "Tomá pelito" y le puso en la mano hebras de cabello rubio que sacó de sus trenzas largas. Eva estaba de buen humor. "Cuidalo a Juancito", dijo, "tengo miedo que te dé el mismo disgusto que voy a darte yo". Los médicos se reunieron con ella. Pidió que lo llamaran a Hernán Benítez. Cuando llegó hizo salir de la habitación a Juancito y se quedó a solas con él. "Yo quisiera volver a la Secretaría, pienso que es necesario. Al principio voy a atender tres horas por día... No hay que decirle a la gente que estoy enferma, se van a asustar...", decía.

El 25 de julio Perón se trasladó de Casa Rosada a la residencia a toda velocidad. Eva quería estar a solas con él. Entró a la habitación, se sentó en el borde de la cama y su mujer se incorporó y le habló por última vez. "Juancito, quería verte un poco. Sé que no tengo mucho por vivir.

Quiero agradecerte todo lo que has hecho por mí." Perón la hizo callar, le puso su dedo índice sobre los labios, con mano ancha le acarició la cara. Pero ella, vasca hasta la médula, siguió: "Y te pido una cosa más, Juan, no abandones nunca a los pobres, que son los únicos que saben ser fieles". Y ya no le habló más.

Eva estaba muriendo. Le quedaban pocas horas. En su cama de reina tuvo la certeza de que su vida no había sido como la de Juana, su madre. O había sido, un poco. Una parte, la de dar. "¡Pobre vieja!", dijo mirando a Erminda. "Eva, ¿por qué pobre? Si mamá está bien", le contestó la hermana. "No... Si digo pobre vieja es porque no sabe que Eva se le va." Y en ese momento Eva, la reina, se fue. Para siempre se fue. Lejos, muy lejos de acá.

Epílogo

Recostada en una cama ortopédica, en el primer piso de la residencia presidencial, a las 18:46, Eva Duarte empezó a librar su última batalla. A las 20:25 la perdió.

La radio comunicó: "Cumple la Subsecretaría de Informaciones de la Presidencia de la Nación el penosísimo deber de informar al pueblo de la República que a las 20:25 ha fallecido la señora Eva Perón, jefa espiritual de la Nación".

A las diez y media de la noche, Juan Domingo Perón mandó llamar a una fiel colaboradora de su difunta esposa: "Asunta, usted la vistió siempre y va a tener que vestirla también ahora". La mujer, esa noche, cosió a toda velocidad. Logró, con maestría, adaptar un modelo de raso blanco del diseñador francés Jacques Fath a los treinta y un kilos que dejó Evita sobre su cama.

Sara Gatti cumplió la orden. Le quitó el esmalte rojo de las uñas y se las pintó con brillo nacarado. Le costó. Eva tenía las manos endurecidas y el doctor Pedro Ara, encargado de embalsamar el cuerpo, tuvo que poner sus propios dedos entre los de la muerta.

Julio Alcaraz, como todos los días, le arregló el cabello. Las raíces habían crecido tanto, que debió usar sustancias fuertes para devolverle a su Señora el rubio súper *star*.

Evita fue precavida. Días antes del 26 de julio devolvió, a la casa de alta costura de Paula Naletoff, tres vestidos que no llegó a estrenar. Ya muerto, su cuerpo estaba en la línea de salida de un derrotero inimaginable. Tan arduo y casi tan largo como el que había hecho en vida. No lo sabía antes de morir, pero lo intuyó. Por eso quiso estar impecable, como en vida. Y lo hizo.

Bibliografía

Achugar, Hugo: *Falsas memorias. Blanca Luz Brum*. Buenos Aires, Siglo Veintiuno de Argentina Editores, 2000.

Albertelli, Jorge: *Los cien días de Eva Perón*. Buenos Aires, Cesarini Hermanos Editores, 1994.

Amuchástegui, Inés: *Magaldi, la biografía*. Buenos Aires, Aguilar, 1998.

Ara, Pedro: *El caso Eva Perón. Apuntes para la historia*. Madrid, CVS Ediciones, 1974.

Balmaceda, Carlos: *El Evangelio de Evita*. Buenos Aires, Sudamericana, 2003.

Barnes, John: *Eva Perón. La vida legendaria de una mujer, la más amada, la más odiada*. Buenos Aires, Ultramar, 1987.

Barreiro, Hipólito: *Juancito Sosa. El indio que cambió la historia*. Buenos Aires, Tehuelche, 2000.

Bauso, Matías: "Juan Duarte. Perdón por la letra, perdón por todo" en *Todo es Historia*. Buenos Aires, N° 432, año XXXVI, julio de 2003.

Bellotta, Araceli: *Las mujeres de Perón*. Buenos Aires, Planeta, 2005.

———: "Eva Perón, entre el mito y la realidad" en *Todo es*

Historia. Buenos Aires, N° 419, año XXXV, junio de 2002.

Borroni, Otelo y Vacca, Roberto: *La vida de Eva Perón. Tomo I. Testimonios para su historia*. Buenos Aires, Galerna, 1970.

Camarasa, Jorge: *La última noche de Juan Duarte. La misteriosa muerte del hermano de Evita*. Buenos Aires, Sudamericana, 2003.

Capsitski, Jorge: "Prehistoria de Eva Perón" en *Todo es Historia*. Buenos Aires, N° 14, año II, junio de 1968.

Carretero, Andrés: *Vida cotidiana en Buenos Aires*. Tomo 3 "Desde la sociedad autoridad hasta la sociedad de las masas (1918-1970)". Buenos Aires, Planeta, 2001.

Castiñeiras, Noemí: *El ajedrez de la gloria. Evita Duarte actriz*. Buenos Aires, Catálogos, 2002.

Chávez, Fermín: *Evita hay una sola*. Buenos Aires, Corregidor, 1999.

Cichero, Marta: *Cartas Peligrosas*. Buenos Aires, Planeta, Espejo de la Argentina, 1992.

Del Carril, Bonifacio: *Juan D. Perón. Ascenso y caída*. Buenos Aires, Emecé, 2005.

Demitrópulos, Libertad: *Eva Perón*. Buenos Aires, Centro Editor de América Latina, 1984.

Duarte, Erminda: *Mi hermana Evita*. Buenos Aires, "Centro de Estudios Eva Perón", 1972.

Dujovne Ortiz, Alicia: *Eva Perón. La Biografía*. Buenos Aires, Aguilar, 1995.

Echenique, Ana: "Isabel Ernst, la otra cara de Evita" en *Nueva. La revista del interior on line*, 1997.

Frazer, Nicholas y Navarro, Marysa: *Eva Perón. La verdad de un mito*. Buenos Aires, Bruguera, 1982.

Galasso, Norberto: *Yo fui el confesor de Eva Perón (Padre Hernán Benítez)*. Buenos Aires, Homo Sapiens, 1999.

Insaurralde, Andrés y Maranghello, César: *Fanny Navarro o un melodrama argentino*. Buenos Aires, Ediciones del Jilguero, 1997.

Jaumandreu, Paco: *La cabeza contra el suelo. Memorias*. Buenos Aires, Corregidor, s/f.

Kiernan, Sergio: "Falleció Rudi Freude, jefe de la Odessa de Perón" en www.lafogata.org.

Lagomarsino de Guardo, Lilian: *Y ahora... hablo yo*. Buenos Aires, Sudamericana.

Llorca, Carmen: *Llamadme Evita*. Barcelona, Planeta, 1980.

Luna, Félix: *El 45*. Buenos Aires, Hyspamerica, 1984.

Martínez, Tomás Eloy: *Las vidas del General*. Buenos Aires, Aguilar, 2004.

Medina, Enrique: *Gatica*. 2ª edición. Buenos Aires, Galerna, 1991.

Mercante, Domingo Alfredo: *Mercante. El corazón de Perón*. Buenos Aires, Ediciones de la Flor, 1995.

Navarro, Marysa: *Evita*. Edición corregida. Buenos Aires, Edhasa, 2005.

——— (compiladora): *Evita. Mitos y representaciones*. Buenos Aires, Fondo de Cultura Económica, 2002.

Page, Joseph A.: *Perón. Una biografía*. Buenos Aires, Debolsillo, 2005.

Paruzzo, Héctor Roberto: "Evita, Rosario fue tu cuna como actriz" en *Barrios de tango y otras yerbas*. Rosario, 1997.

Perón, Eva: introducción de John Page: *Con mis propias palabras: Eva Perón*. Buenos Aires, Grijalbo, 1996.

——— : *Mi mensaje. El libro desaparecido 32 años*. Buenos Aires, Ediciones Hechos de la Historia, 2003.

Perón, Juan Domingo: *Correspondencia*. Tomo 1. Buenos Aires, Corregidor, 1983.

Perón, Lucía Virginia: *Mi padre*. Buenos Aires, Ediciones de la Urraca, 1993.

Pichel, Vera: *Evita íntima*. Buenos Aires, Planeta Bolsillo, 1997.

——— : *Evita. Testimonios vivos*. Buenos Aires, Corregidor, 1996.

Posse, Abel: *La pasión según Eva*. Buenos Aires, Emecé Editores, 1994.

Sarlo, Beatriz: *La pasión y la excepción*. 2ª edición. Buenos Aires, Siglo Veintiuno de Argentina Editores, 2003.

Reyes, Cipriano: *La farsa del peronismo*. Buenos Aires, Sudamericana-Planeta, 1987.

Saulquin, Susana: *La moda en la Argentina*. Buenos Aires, Emecé Editores, 1998.

Sebreli, Juan José: *Eva Perón. Aventurera o militante*. 4ª edición. Buenos Aires, La Pléyade, 1990.

Spinetto, Horacio J.: "Los edificios donde vivió Eva Duarte de Perón" en *Todo es Historia*. Buenos Aires, N° 419.

Taylor, J.M.: *Evita Perón. Los mitos de una mujer*. Buenos Aires, Editorial de Belgrano, 1981.

Ulanovsky, Carlos; Merkin, Marta; Panno, Juan José y Tijman, Gabriela: *Días de radio. Historia de la radio argentina*. Buenos Aires, Espasa Calpe, 1995.

Ulanovsky, Carlos: *Paren las rotativas. Historia de los grandes diarios, revistas y periodistas argentinos*. Buenos Aires, Espasa, 1997.

Agradecimientos

Gracias:

A Daniel Guebel, mi editor (*"perdón por la letra, perdón por todo"*).

A Gustavo Cirelli, por su inmenso amor y sus infinitas lecturas.

A mis hijos Julián, Naimir María, María Felicitas y María Consuelo, que transitaron conmigo cada paso de la vida de Evita.

A mi hermano Esteban, mi gran hermano. A mis viejos, Alejandro y Marta, que soportan lo insoportable.

A Emilio Fernández Cicco, por sus préstamos y sus lecturas.

A Paula Rodríguez y a Gonzalo Sánchez.

A Gabriel Sánchez, a Ángeles Martínez, a Ana Nistal Rodríguez y a Nora Álvarez.

A Teresa Pacitti, mi maestra.

A Silvina González.

A Alicia Blanco (por Paquito), Carlos Blanco, Carlitos Brandy (por Nacaratti), Teresa Bo, Víctor Bo, Roberto Caballero, Casa del Teatro, don Eduardo y Eduardo Cirelli, Miguel Ángel De León (por Carlitos Brandy), María De Vedia,

Marcelo Dimango, Lito Epumer, Duilio Ferro, FORA, Alicia y Estela Flores, Ricardo García Blaya, Alejandro Granado, Jorge León, Carlos Marcucci, Patricia Merigo, Ben Molar, Adrián Murano (por Magaldi), Nacho de la Federación Libertaria Argentina, Claudio Negrete, Cynthia Ottaviano (gran consejera), Claudio Isaur Panzeri, Felipe Pigna, Antonio Riera, Miguel Russo, Federico Seeber, Tina Serrano, Daniela Server, Maximiliano Tomas, Elena Triteck, Carlos Valsangiácomo, Hugo Vallejos, Luis Vigo (maestro), Pablo Vázquez, a Viví Andón y a Gaby Balzaretti (por bancarme en las horas oscuras), a la señora Dorothy Urrutia.

A los testigos involuntarios de la vida de Eva Perón que, sin intereses, recordaron parte de sus vidas.

A los historiadores que con pasión siguen vertebrando la vida de Eva Duarte.

A toda la gente paciente de la Hemeroteca de la Biblioteca Nacional, de la Biblioteca del Concejo Deliberante y de la Biblioteca del Maestro.

A Miguel Espiña.

Esta edición de 6.000 ejemplares
se terminó de imprimir en
Primera Clase Impresores S.H.,
California 1231, Bs. As.,
en el mes de abril de 2006.